滕　涛——著

研究　企业并购估值

以医药企业为例

RESEARCH ON VALUATION OF
CORPORATE MERGERS AND
ACQUISITIONS

A Case Study of
Pharmaceutical Companies

经济管理出版社
ECONOMY & MANAGEMENT PUBLISHING HOUSE

图书在版编目（CIP）数据

企业并购估值研究 ：以医药企业为例 ／ 滕涛著.
北京 ：经济管理出版社，2025. -- ISBN 978-7-5243
-0266-7

Ⅰ．F426.77

中国国家版本馆 CIP 数据核字第 20254XT151 号

组稿编辑：赵天宇
责任编辑：赵天宇
责任印制：许　艳
责任校对：陈　颖

出版发行：经济管理出版社
　　　　　（北京市海淀区北蜂窝 8 号中雅大厦 A 座 11 层　100038）
网　　　址：www. E-mp. com. cn
电　　　话：(010) 51915602
印　　　刷：唐山玺诚印务有限公司
经　　　销：新华书店
开　　　本：720mm×1000mm/16
印　　　张：12
字　　　数：183 千字
版　　　次：2025 年 4 月第 1 版　　2025 年 4 月第 1 次印刷
书　　　号：ISBN 978-7-5243-0266-7
定　　　价：88.00 元

序　言

　　企业并购重组是市场资源配置的重要手段，是企业外延式增长的重要途径。随着医药产业的高速增长，医药产业内涵式增长很难跟上行业的发展，借助并购开展的外延式增长成为医药企业的重要手段。在并购过程中，对并购公司的估值是重中之重，也是各方博弈的焦点。

　　国内外学者对并购估值的研究越来越系统、全面，主要集中在理论上的研究，结合行业特点的实证研究较少。本书结合医药行业的特点，通过对并购案例数据和估值方法的实证分析，针对目前估值难、估值泡沫，以及补偿机制的漏洞等问题，提出了一个可调节估值区间的思路，并在此基础上，结合医药行业的政策和商业模式来提出行业特色的修正估值模型。在多种估值方法融合的基础上，结合估值调整机制、以实际业绩作为对赌条件等要素，设计出估值区间的可调节模型，解决医药产业并购所遇到的估值难以量化和调整的难点，修正处理双方谈判博弈的异议，促进并购双方的利益一致性，从而更好地推动并购后的产业整合问题，促进协同效应和价值提升。

　　本书从商业模式的角度，对医药行业细分子行业的行业特点和涉及的医药一致性评价、集采政策等进行分析，提出了创新药和仿制药的不同估值思路。从企业生命周期的角度，对不同发展阶段的企业、药品和在研管线，根据专利保护期和新药研发失败率的统计，提出了相应的在研药品的估值思路。从资产评估的角度，对资产成本法、市场法、收益法进行比较分析，特别是对收益法的未来收益预测部分提出了异议，并结合企业生命周期和行业政策提出了两阶段模型在医药企业并购估值上的适应性。从博弈补偿机制的角度，对现金补偿和股份补偿中存在的估值套利漏洞，还提出了相应的修正方法。

综上所述，综合应用案例分析、博弈论、计量实证分析等方法，系统分析了医药企业并购估值中各方利益驱动行为，将并购估值由实务操作层面提升到学术研究层面，创新性地提出了估值区间的理论思路，弥补了国内医药行业并购估值取值在理论和学术研究中的不足，在实务操作中能够更加深刻地理解企业内在价值的机理和理论内涵，丰富和完善医药企业的并购重组研究方法。

本书的研究成果对我国医药企业的并购重组实践有一定的借鉴价值，也为完善上市公司并购重组监管和相关法律法规、制度设计提供了一定的参考，优化了资本市场环境，促进了我国资本市场健康可持续发展，具有重要的实践意义和经济效益。

目　录

第一章　绪论 ⋯⋯⋯⋯⋯⋯⋯⋯⋯⋯⋯⋯⋯⋯⋯⋯⋯⋯⋯⋯⋯⋯⋯⋯⋯⋯ 1

第一节　选题背景及意义 ⋯⋯⋯⋯⋯⋯⋯⋯⋯⋯⋯⋯⋯⋯⋯⋯⋯⋯ 3

一、选题背景 ⋯⋯⋯⋯⋯⋯⋯⋯⋯⋯⋯⋯⋯⋯⋯⋯⋯⋯⋯⋯⋯ 3

二、研究目的及意义 ⋯⋯⋯⋯⋯⋯⋯⋯⋯⋯⋯⋯⋯⋯⋯⋯⋯ 5

第二节　研究思路和结构安排 ⋯⋯⋯⋯⋯⋯⋯⋯⋯⋯⋯⋯⋯⋯ 7

一、研究思路 ⋯⋯⋯⋯⋯⋯⋯⋯⋯⋯⋯⋯⋯⋯⋯⋯⋯⋯⋯⋯⋯ 7

二、研究方法 ⋯⋯⋯⋯⋯⋯⋯⋯⋯⋯⋯⋯⋯⋯⋯⋯⋯⋯⋯⋯⋯ 8

三、结构安排与技术路线 ⋯⋯⋯⋯⋯⋯⋯⋯⋯⋯⋯⋯⋯⋯ 9

第三节　创新点 ⋯⋯⋯⋯⋯⋯⋯⋯⋯⋯⋯⋯⋯⋯⋯⋯⋯⋯⋯⋯⋯ 10

第二章　基于不同视角下的并购估值理论及文献 ⋯⋯⋯⋯⋯⋯ 13

第一节　基于商业模式视角的估值理论 ⋯⋯⋯⋯⋯⋯⋯⋯ 15

一、基于商业模式估值的文献综述 ⋯⋯⋯⋯⋯⋯⋯⋯ 15

二、商业模式的简述 ⋯⋯⋯⋯⋯⋯⋯⋯⋯⋯⋯⋯⋯⋯⋯⋯ 17

三、商业模式的分类 ⋯⋯⋯⋯⋯⋯⋯⋯⋯⋯⋯⋯⋯⋯⋯⋯ 18

四、基于商业模式的企业估值方法 ⋯⋯⋯⋯⋯⋯⋯⋯ 19

第二节 基于企业生命周期视角的估值理论 …………………… 20

一、基于企业生命周期理论的文献综述 …………………… 21

二、企业成长理论及估值模式 …………………………… 22

第三节 基于财务资产评估视角的估值理论 …………………… 23

一、基于财务资产评估的文献综述 ………………………… 23

二、基于财务资产评估角度主流估值方法简介 …………… 24

第四节 基于博弈补偿机制视角下的估值理论 ………………… 32

一、基于博弈补偿机制的文献综述 ………………………… 33

二、《上市公司重大资产重组管理办法》中盈利补偿

机制的规定 …………………………………………… 35

三、基于补偿机制选择权的估值方法 ……………………… 38

四、目前并购补偿机制暴露出来的问题及可改进的应对措施 …… 40

第五节 文献评述 ………………………………………………… 41

第三章 我国医药产业并购现状及存在问题 ……………… 43

第一节 医药产业链及细分领域 ……………………………… 45

一、医药产业链简述 ………………………………………… 45

二、医药行业相关政策变化及影响 ………………………… 52

三、创新药与仿制药 ………………………………………… 56

第二节 我国医药产业并购现状 ……………………………… 61

一、医药行业并购逻辑 ……………………………………… 64

二、并购谈判博弈与估值调整 ……………………………… 66

三、目前使用的并购估值方法 ……………………………… 71

第三节 医药行业并购估值中存在的问题 …………………… 75

一、协同效应产生的价值增值部分估值问题 ……………… 75

二、在研专利药的估值问题 ………………………………… 77

三、业绩补偿机制漏洞问题 ……………………………… 78

四、深度调研不足带来的估值假设问题 ………………… 82

第四章 估值区间可调节模型在医药行业并购中的适应性和应用条件 …… 85

第一节 医疗产业并购估值方法的特殊性及创新模型的理论基础 …… 87

一、商业模式视角下医药企业估值方法和适用性分析 ……… 88

二、企业生命周期视角下的医药企业估值方法和适用性分析 … 91

三、财务资产视角下的医药企业估值方法和适用性分析 …… 95

四、博弈补偿机制视角下的医药企业估值方法和适用性分析 … 98

第二节 估值区间可调节模型的提出 …………………………… 99

一、估值区间可调节模型的理论思路 …………………… 99

二、估值区间可调节模型 ………………………………… 101

三、模型假设条件 ………………………………………… 103

第五章 基于医药上市公司并购估值案例分析 ……………… 105

第一节 业绩承诺达标的并购估值案例分析 …………………… 107

一、东诚药业并购云克药业的流程概述 ………………… 107

二、并购交易方案及补偿机制 …………………………… 113

三、云克药业财务状况及无形资产 ……………………… 116

四、云克药业的估值方法和估值价格 …………………… 124

五、可调节估值模型比较分析 …………………………… 130

第二节 业绩承诺未达标的并购估值案例分析 ………………… 131

一、金城医药并购朗依制药的流程概述 ………………… 132

二、并购交易方案及补偿机制概要 ……………………… 134

三、朗依制药的财务状况及无形资产 …………………… 137

四、朗依制药的估值方法和估值价格 …………………… 139

五、可调节估值模型比较分析 …………………………………… 147

第六章　基于医药上市公司并购的统计实证分析 ……………………… 149

　　第一节　实证样本选择标准 ………………………………………… 151

　　　　一、样本数据来源及筛选标准 ………………………………… 151

　　　　二、并购标的样本的基本财务数据 …………………………… 152

　　　　三、并购标的样本的估值情况 ………………………………… 153

　　　　四、并购标的样本的业绩承诺及完成情况 …………………… 154

　　第二节　样本数据代入模型计算 …………………………………… 156

　　第三节　实证结果比较分析 ………………………………………… 158

第七章　结论与展望 …………………………………………………… 161

　　第一节　主要研究结论 ……………………………………………… 163

　　第二节　研究展望 …………………………………………………… 166

参考文献 ………………………………………………………………… 169

第一章

绪　论

医疗大健康产业是国民经济中发展速度较快的行业，随着全球老龄化的到来，预计该行业在未来 30 年都是保持快速增长的行业。一些大型医药企业，尤其是其中的上市公司为了扩大市场规模，致力于完成整个产业链的布局，将会加快并购重组脚步。华源系、华润系、复星系等企业集团都是各大医药企业为降低研发成本以及扩大规模，通过并购重组而逐渐形成的产业集群。

第一节　选题背景及意义

一、选题背景

随着人口老龄化的加剧、城镇化的推进、医疗卫生体系的完善等，我国医药行业市场总量逐年增长。根据国家统计局和国家发展改革委发布的数据，2019 年我国医药制造业总产值达到 32486 亿元，过去 5 年平均增速在 20% 以上，医药行业为国民经济中发展最快的行业之一。随着医疗卫生体制改革的深化，医保覆盖率的提高，国内医疗卫生服务需求持续扩大，医疗卫生费用支出逐年提高，进一步奠定了我国医药行业稳步发展的基础。

我国的国家战略性产业政策鼓励和支持医药制造行业的发展，《关于深化医药卫生体制改革的意见》《"十四五"期间深化医药卫生体制改革规划暨实施方案》《"健康中国 2030"规划纲要》等政策均鼓励我国医药产业做大做强。在医药行业整体发展的同时，鼓励医药行业的整合，支持医药企业的兼并重组。《医药工业"十二五"发展规划》明确鼓励优势企业实施兼并重组，支持研发和生产、制造和流通、原料药和制剂、中药材和中成药企业之间的上下游整合，完善产业链，提高资源配置效率；2013 年，工业和信息化部联合 12 部门下发的《关于加快推进重点行业企业兼并重组的指导意见》也鼓励医药行业的强强联合和兼并重组。

原国家食品药品监督管理总局南方医药经济研究所数据显示，2015 年，中国医药企业并购金额达到 1000 亿元，同比增长约 80%，已公告的并购案例数达 260 起，其中约有 10% 为海外并购。通过整理全球新药并购交易的案例资料可以发现，海外制药企业对于并购的需求逐渐增加；国内的新药并购案例涉及肿瘤、心脑血管、中枢神经领域、麻醉、糖尿病等各个重要领域，涉及的企业更加多元化。国内新药交易案例虽然没有海外的数量多，但 2010 年后新药并购交易案例的数量逐步提升。国内外新药并购交易案例呈现数量逐渐增加、交易体量增大和交易模式不断创新的特点，在一些投行基金等专业投资机构的介入下，交易方式也不仅仅是直接买断，在支付方式、对赌业绩、股权激励等方面出现了多样化的并购交易形式，估值模式也在不同的利益角度情况下出现了多样化的特点。

从上述医药行业并购案例及趋势来看，并购是企业进行资本扩张和实现市场资源配置最重要也是最有效的途径之一。据统计，我国上市公司的并购活动平均溢价率由 2010 年的 3% 上升到 2019 年的 47%，在医药行业并购中，由于大多使用收益法作为估值方法，溢价率更是不断上升；华润三九并购天和药业溢价率达到 136%，香雪制药并购沪谦药业 70% 股权溢价率超过 500%，益佰制药收购百祥药业溢价率高达 5600%。而如此高的并购估值溢价率透支了企业的未来业绩，是造成股市泡沫的根本原因之一。从大量的实证研究来看，企业并购活动失败的一个主要原因是目标企业价值评估不合理。并购带来的好处显而易见，企业收入、利润率、每股收益等指标通过并购得到优化，规模、实力也实现跨越式增长，企业进一步巩固了市场甚至形成垄断，而且在二级市场上，股价呈现随并购增加快速上涨的趋势。但是并购估值过高，而在未来整合和协同发展过程中没有达到预测的业绩水平，则往往导致估值泡沫，挖空上市公司资产的结果。

从我国医药行业并购的发展历程来看，对于我国医药行业的首次并购可以追溯到我国政府试行的托拉斯行政性企业重组，之后一直到 20 世纪 90 年代都是以政府的行政资产划拨为主的并购重组。改革开放以来，我国医药行业的并购重组在市场因素的驱动下，呈现快速增长的势头，逐年刷新着我国医药市场的并购案例数据，尤其是随着我国不断推动混合所有制改革和产业结构调整，并购市场的主体数量和规模在不断攀升，并购方式也在不断创新，并购主体呈现多元化的态势，上市公司成为主流。

从"大众创业，万众创新"的角度来看，医药行业的专家学者所研发和创新的药品专利技术，需要更多的产业机构培育和投入资金，这就催生了大量的医药创投机构和项目；在项目退出方面，因受退出渠道狭窄和退出回报下滑的影响，许多项目未能及时退出，这为医疗产业并购基金提供了巨大的项目池，在并购过程中不同项目的商业模式不同，导致估值方法较多，难以准确地挖掘企业价值。

二、研究目的及意义

并购中的估值问题是并购交易的重中之重，估值本身就有测不准的属性和立场不同的角色思维，一些双方难以达成统一认知或难以准确量化的影响因素，会导致并购谈判难以推进的结果。在此基础上，本书提出可调节的区间估值模型的意义如下：

1. 理论意义

本书从商业模式的角度，对医药行业细分子行业的行业特点和医药一致性评价、集采政策等进行分析，提出了创新药和仿制药的不同估值思路。从企业生命周期的角度，对不同发展阶段的企业、药品和在研管线，根据专利保护期和新药研发失败率的统计，提出了相应的在研药品的估值思路。从资产评估的角度，对资产成本法、市场法、收益法进行比较分析，特别是对收益法的未来收益预测部分提出了异议，并结合企业生命周期和行业政策提出了两阶段模型在医药企业并购估值上的适应性。从博弈补偿机制的角度，对现金补偿和股份补偿中存在的估值套利漏洞，提出了相应的修正方法。

在上述思路的基础上，本书综合运用案例分析、博弈论、计量实证分析等方法，系统分析医药企业并购估值中各方利益驱动行为。通过将并购估值由实务操作层面提升到学术研究层面，创新性地提出了估值区间的理论思路，弥补了国内医药行业并购估值取值的理论和学术研究的不足。这一创新为并购估值理论在医药企业并购重组的应用提供学术创新思路和理论支撑，使实务操作中能够更深刻理解企业内在价值的机理和理论内涵，让学术界了解并参与对并购估值的研究，进一步深化和拓展医药企业的并购重组理论，丰富和完善医药企业的并购重组研究方法，具有重要的理论意义和学术意义。

2. 实践意义

本书结合医药产业并购中的实际情况，对并购中的估值问题进行了重点研究和阐述，创新性地将研究对象从单纯财务估值方法，拓展到结合行业特点和企业生命周期，以及估值区间调整和期权选择权设计等方面，能够随着未来实际业绩的发展而调整整体估值的方法，对未来的不确定性给予更好的估值方法设计。

本书从商业模式、企业生命周期、资产评估、博弈补偿机制等多个角度，全面介绍了目前并购重组中各类估值的方法和相关实务操作，分析了估值策略对医药企业并购重组各操作环节的影响。结合医药行业不同细分子行业特点和国家的医药集采等行业政策变化，探讨并提出了医药行业创新药、仿制药和研发管线产品的估值思路。以医药产业并购中的估值难、估值泡沫，以及补偿机制的漏洞等问题为研究对象，通过对近年来医药上市公司的并购案例的实证分析，提出了一个可调节估值区间的思路，以解决医药产业并购所遇到的估值难以量化和调整的难点，从而修正处理双方谈判博弈的异议，促进并购双方的利益一致性，更好地推动并购后的产业整合问题，促进协同效应和价值提升。本书的研究成果对我国医药企业的并购重组实践具有一定的指导意义，也为完善上市公司并购重组监管和相关法律法规、制度设计提供了一定的参考，对于优化资本市场环境，促进我国资本市场健康可持续发展，有着重要的实践意义和经济效益。

第二节　研究思路和结构安排

一、研究思路

医药行业具备高技术、高投入、专利保护的特点，面临着产业集中度低、产业政策主导等问题，这些都加速了医药行业的并购重组。医药行业的并购活动实际上是一项非常复杂的经济行为，包括前期的目标企业选择、价值评估，还有后续的谈判定价和绩效检验。本书从不同的理论思路和医药行业细分子行业的特殊性，多角度分析了估值理论的方法和存在的局限性，综合使用资产评估、博弈补偿机制、期权设计等理论和研究方法，结合国内外最新研究成果，从以下几个角度展开：

其一，从商业模式的角度，对目前医药行业细分子行业的行业特点和医药一致性评价、集采政策等进行分析，提出了创新药和仿制药的不同估值思路。其二，从企业生命周期的角度，对不同发展阶段的企业、药品和在研管线，根据专利保护期和新药研发失败率的统计，提出了相应的在研药品的估值思路。其三，从资产评估的角度，对资产成本法、市场法、收益法进行了比较分析，特别是对收益法的未来收益预测部分提出了异议，并结合企业生命周期和行业政策提出了两阶段模型在医药企业并购估值上的适应性。其四，从博弈补偿机制的角度，对现金补偿和股份补偿中存在的估值套利漏洞，提出了相应的修正方法。

本书以医药产业链整合和协同效应价值挖掘为战略中心，重点就医药产业并购过程中的估值问题深入研究，通过对商业模式、企业生命周期、市场法、成本法、收益法、博弈补偿机制、估值调整等理论的研究分析，创新性地提出了估值区间的理论思路，以解决医药产业并购所遇到的估值难以量化和调整的难点，从而修正处理双方谈判博弈的异议，促进并购双方的利益一致性，更好地推动并购后的产业整合问题，促进协同效应和价值提升。

二、研究方法

本书主要应用了以下研究方法：

1. 资料查阅与整理

通过阅读大量图书文献与医药上市公司年报披露信息等资料，了解医疗产业并购过程中的问题和方法，以及产业并购基金方面理论的研究现状，总结前人的基本理论研究成果。另外，从文献和上市公司公告中收集整理实例，作为与本书研究成果进行对比分析的凭证。

2. 实地调研

结合笔者参与的国家蓝火计划中的实际案例，通过走访和实地调研一些大型医疗公司或上市医疗公司，收集大量的实际资料，提升了本书研究的可参照性与实践基础。

3. 统计分析与计量实证分析相结合

统计已发生和公告的上市公司并购案例估值方法和实际执行的业绩补偿情况，本书通过手工收集整理相关样本和数据，应用统计分析方法对其进行实证检验。通过创新的估值模型代入数据计算结果与目前在执行的实际并购估值结果进行比对分析，得出创新模型相对优势和相应结论。

4. 真实案例分析研究

本书的核心内容之一是东诚药业并购云克药业案例事件和誉衡药业并购普

德药业案例事件的分析。通过对这两起并购案例的实际情况探讨，分析了估值方法的选择。本书以案例研究法为主要研究方法，直观地介绍了可调节估值区间模型在并购估值实务中的应用。

三、结构安排与技术路线

本书共分为七章：

第一章为绪论，首先介绍了研究背景，论述了研究的目的和意义；其次对研究内容、研究方法、结构安排及可能的创新点进行了阐述。

第二章为基于不同视角下的并购估值理论及文献，为相关研究文献综述，从商业模式、企业生命周期、财务资产评估、博弈补偿机制等多个角度，全面介绍了目前并购重组中各类估值的方法和相关实务操作，以及对国内外相关研究文献进行回顾和评述。

第三章为我国医药产业并购现状及存在问题，全面阐述了医疗产业链及细分子行业的行业特点，分析了医药行业一致性评价、集采政策等对行业商业模式和利润等的影响，提出了创新药、仿制药和在研管线的不同估值思路；同时也对目前医药行业并购的现状和并购估值中存在的问题进行了剖析。

第四章为估值区间可调节模型在医药行业并购中的适应性和应用条件，是在前文的基础上，提出了本书的核心创新点估值区间可调节模型，以及相关假设和已有模型的修正。

第五章为基于医药上市公司并购估值案例分析，通过对两起已发生的医药行业并购案例的实际执行情况和估值区间可调节模型的测算结果进行比对分析。

第六章为基于医药上市公司并购的统计实证分析，是对 2011～2018 年已发生所有的医药行业并购案例（剔除不符合的样本）估值情况与估值区间可调节模型的测算进行比对分析和实证分析。

第七章为结论与展望。

第三节 创新点

对医药行业并购估值的观点和角度是多样化的，在此基础上，根据笔者多年的实操经验和对上市公司并购的理解，从理论和实践的角度尝试着提出了以下5个创新点：

（1）基于各自不同的理论视角来整理分析现有的估值理论，并根据医药行业的特殊性对其模型进行了适应性修改。从商业模式、资产评估、企业生命周期、博弈补偿理论等多重视角，分析了现有各估值模型的特点和理论基础，以及前人的观点，并在此基础上结合医药行业的特殊性和医药行业并购估值中存在的问题，提出了各角度的修正估值模型，对其中未形成最终产品的研发管线的产品结合其失败率提出相应的估值模型，并将修正的估值模型加入了股权补偿机制的约束条件。

（2）基于现有证监会规定的并购补偿机制存在的问题，提出股权补偿机制的约束条件，并建立相关模型。现有"高估值、高业绩承诺"的并购补偿机制是基于未来发展的乐观预期，而实际未必能够达到业绩承诺，而且有可能被并购标的股东人为地提高业绩承诺以获得高估值。在此基础上，如果是现金补偿，那么被并购方只需要拿出当初并购估值部分中的小部分现金补偿即可，而超额获得了当初高估值中的杠杆部分。基于上述问题，提出了修正版的股权补偿机制，即通过多种修正估值模型取平均值作为前期付款值，同时设计封顶保底机制，形成一个价格区间，根据实际业绩对股权补偿机制进行约束，并按当时停牌前股份价格折算成股份比例，以确定最终价格，此模型可以建立估值调整机制以取代现有的业绩补偿机制的漏洞。

（3）目前的业绩补偿机制，无论是股权补偿还是现金补偿，都是在目前并购估值不变的情况下，对未达标的业绩部分用现金或股权进行补偿，而并购估值中超额增值部分，根本就没有让被并购方股东归还；特别是在收益法中对未来业绩预期达标和同步增长的情况下，才会给出高估值，如果没有业绩达标和增长，则后续的估值根本不成立。如果采用本书修正的补偿机制，则采用双向激励的方法，在业绩承诺不达标的前提下，业绩承诺方付出的补偿是业绩差额的补偿，还包含了差额部分所带来的估值收益，但是不会低于估值下限；如果业绩达标甚至超额，还会获得更高的估值，但是不会高于估值上限。

（4）在中国资产评估协会提出的多估值方法能更有利于并购决策的思路基础上，提出多估值模型均值和区间的估值思路。对中国资产评估协会提出的两种方法估值进行比较验证，使并购估值定价相对科学。基于此，结合医疗行业的特殊性估值方法、市场法、收益法等多种估值方法取均值，并设计封顶保底机制，使并购估值形成一个价格区间，能够更中性地反映各方利益，保护中小股东和投资者的利益。

（5）估值本身就具有测不准的属性和立场差异的角色思维，在双方难以达成统一认知难以准确量化某些影响谈判的因子时，可以通过形成一个可调节的区间估值模型来修正处理双方谈判博弈的异议。在并购交易过程中，由于信息不对称，被并购方股东出于自身利益最大化的考量，往往会夸大未来的业绩预期，希望采用推高并购价格的估值方法；并购方则往往基于自身的并购风险与收益权衡的角度，希望压低并购交易价格，使用对赌协议等的并购方式。目前的各类估值方法很难有效确定并购价格的绝对准确性，所以基于前文的分析，本书提出一个估值区间的交易思路，融合了成本法、收益法和市场法，建立一个可交易的区间，设定上限估值和下限估值，再通过博弈补偿机制来设定约束条件，最终根据对赌业绩期间的实际业绩情况及 PE 倍数来调整估值。

第二章

基于不同视角下的并购估值理论及文献

学者对并购估值的研究比较系统，不同视角下的估值思路和模型会有所变化，本章主要通过对商业模式视角、企业生命周期视角、资产评估视角、博弈补偿机制视角下的多种估值方法的梳理和文献介绍，结合医药产业的特征，为后续的创新修正模型提出理论依据。

第一节　基于商业模式视角的估值理论

在企业并购中，不仅要关注企业已有的产品或商业服务，也要关注企业研发的智力资本和营销渠道等不同的商业优势，更要对商业模式有清晰的掌控。企业商业模式选择对企业估值影响很大，通过对企业商业模式盈利能力的分析，能更有效地提高并购估值的准确性。并购有商业模式优势的公司，能够为并购方带来高额的收益。强生公司通过并购4家拥有高成长性商业模式的医药小公司，其医疗设备与诊断事业部的年销售收入增长率由3%提升到41%，也给其二级市场股价带来大幅提升。由于企业的经营活动复杂，以及商业模式的多样性变化，所以在分析企业商业模式时，需要建立一定的假设条件，形成基于企业商业模式的估值模型。

一、基于商业模式估值的文献综述

商业模式的估值功能是在2000年以后才被部分学者作为独立的研究方向提出并进行探讨，本书则重点讨论商业模式的估值功能部分。在对商业模式估值研究方面，学者们从对企业盈利模式的关注转向对企业整体价值提升的关注，从对利润结构的分析转向对企业价值网络构建的整合，形成了企业价值创造的相关理论和思维框架，推动了商业模式的价值创造和价值评估方面的深入研究（郭海燕，2019；Vladyslav 和 Oleksiy，2018）。

商业模式中对客户黏性的维系程度是企业价值的核心，通过维护营销渠道，促进客户及合作伙伴的延伸消费，进而提升企业的利润和估值（Patrick 等，2018；Thomas 等，2019）。随着企业的发展和商业环境的变化，以往的商业模式对于新经济的适应性和承受力逐渐减弱，企业便需要通过并购或组织变革来重新构造新的商业模式（魏炜和朱武祥，2012；Anna，2017）。商业模式通过对企业产品生产系统、营销系统等组织的整体协同运营，可以创造新的企业价值（Brend 等，2010）。商业模式可以借助并购交易来提升企业业绩及相应的财务指标，以及通过技术开发来提高企业护城河和企业价值成长（Gambardella 和 Mcgahan，2010；钟耕深和孙晓静，2006）。在对互联网企业商业模式的估值方法中，通过对企业的用户数、用户黏性、变现能力、用户付费值等参数的分析应用，建立用户价值法和入口价值法的估值思路（卢俊晔和范兴权，2016；Russo-Spena T 等，2017；Gandia R 和 Parmentier-G，2017）。商业模式的塑造是企业战略的一部分，企业战略中包含价值创造的策略，而商业模式是实现这一价值创造的核心（付正茂，2016；de Oliveira 和 Cortimiglia M，2017）。战略层面将商业模式理解为企业在整体市场环境中的竞争优势和生存方式，结合企业自身的资源优势、组织管理能力、产业增长机遇期、竞争态势和市场可持续性等方面，与企业战略进行融合（孙桂芬，2013）。商业模式是企业战略的组成部分和实践延伸，通过对企业资源条件的应用和相应的制度安排，可以促进企业运营效率的提升（罗珉等，2005；Giorgino M C 等，2017）。从医药产业链和战略优势的角度，通过聚焦性商业模式、一体化商业模式和协调型商业模式的不同应用，推动从原料药到最终药品消费的所有环节价值提升，从而提升企业的整体价值（吴捷和曹阳，2014）。

从企业盈利模式的关注转向对企业整体价值提升的关注，从对利润结构的分析转向对企业价值网络构建的整合，进而形成企业价值创造的相关理论和思维框架，进一步推动商业模式的价值创造和价值评估方面的深入研究（WilsonK 等，2016）。从资源配置、盈利驱动、价值创造三个维度进行商业模式价值解构，进而分析资源配置的优劣对实现企业价值创造的影响，得出盈利驱动是提升企业价值创造的核心（李端生和王东升，2016）。通过对企业的商业模式和财务数据分析，可以将并购中的企业商业模式价值分化为客户价值、企业价值和企业利润三部分，并给予三个指标不同的权重系数进行加权平均，得出最终的企业估值（杨晓琳，2017）。商业模式价值体系通过企业定位、业务结构、核心资源、盈利模式、自由现金流量、企业价值创造六个方面的组合，可以解决企业持续创新问题（翁君奕，2004）。商业模式可以通过组合各类资源和团队，通过向客户传递产品价值或服务，实现长远发展目标的合作体系（Sabatier，2010）。商业模式的价值核心是企业通过商品或相应服务体系，能够为股东提供的自由现金流量和增量利润（Maniora，2015）。企业的价值创造和获取，是基于企业的关键资源和运营能力，也依赖于商业模式中所有利益相关者的支持；商业模式要突破自身的边界创造价值，也要开放边界推动利益相关者和参与者的价值创造，推动产业链的整体价值提升（Suppatvech 和 Godsell，2019）。

二、商业模式的简述

在对商业模式价值研究方面，学者从对企业盈利模式的关注转向对企业整体价值提升的关注，从对利润结构的分析转向对企业价值网络构建的整合，形成了企业价值创造的相关理论和思维框架，推动了商业模式的价值创造和价值评估方面的深入研究。

商业模式理论上可以从经济层面、运营层面、战略层面三个层面展开分析。在经济层面，商业模式主要被理解为企业的盈利模式，其核心是企业的获利方式和能力。在运营层面，商业模式被理解为企业的营运模式，重点关注企业内部运营流程和组织结构设计对企业整体价值的创造。在战略层面，商业模式被理解为对整体市场环境的考察，结合企业自身的资源优势、组织能力、增长机遇期、竞争态势和市场可持续性等方面，与企业战略进行整合运作。

商业模式与企业战略有很多相似之处，应该说对商业模式的塑造是企业战略的一部分，也是企业核心战略之一。企业战略中包含了价值创造的策略，而商业模式是实现这一价值创造的核心，商业模式可以通过对产品或服务、顾客群体、市场份额、竞争优势、企业资源、收入结构、企业规模、人才梯队等的改造获得竞争优势。

对并购对象商业模式的考量，是并购战略实施的重要部分，其中对商业模式中创造和传递价值的核心要素考量分析是核心环节。在对客户价值主张进行分析时，关键看相对竞争对手提供的解决方案是否更有效、更有优势。在对盈利模式进行分析时，重点关注收入结构、成本模型，以及公司运营所能带来的自由现金流量和盈利能力。在对企业资源进行分析时，重点关注组织架构、人才梯度和流动性、客户忠诚度、技术研发能力、融资能力等。在对企业业务流程进行分析时，重点关注制造能力、预算管控和执行能力以及销售网络渠道能力等。

三、商业模式的分类

李鸿磊和柳谊生（2016）提出了从产业链和企业整体战略的双重角度，可以将商业模式大致划分为四大类，即经营管理类、战略定位类、交易结构类和价值创造类。

经营管理类商业模式是通过企业的产品和服务相关的运营管理，满足客户需求，获取企业利润的商业逻辑。战略定位类商业模式是指在战略管理理论和产业价值链理论的基础上，从企业定位、产业集群、核心竞争力、差异化等不同视角，提出商业模式的核心要素及相关交易方式，来推进企业的发展。交易结构类商业模式是从产业价值链的角度，将企业与产业价值链中各环节利益相关者之间的交易方式和交易结构进行整合，从而获得企业价值提升。价值创造类商业模式是通过对产业价值链中各环节的整合和创新，结合企业自身在产业链中的位置和能够掌控的关键资源，实现企业整体价值的创造、传递、获取和分配。通过对企业运营的溢出能力与跨边界资源整合配置，使产业链中的利益相关者整体发挥各自的比较优势，创造出额外的产业价值，从而使企业能够在产业链中获得更大的价值提升。

杨晓琳（2017）提出，从组成要素的角度可以将商业模式分为企业价值取向、价值收入和价值获取三个部分。企业的价值取向是企业的核心价值，是企业的价值观和组织的出发点，主要是对客户需求的掌握和服务能力。企业的价值收入是属于企业价值创造的板块，主要对企业的盈利能力、利润率增长比率以及市场份额和增长率进行量化分析，是商业模式价值评估的核心元素。企业的价值获取方面，企业品牌形象建设是重点，在医药企业中就是以专利保护为中心的创新药。

四、基于商业模式的企业估值方法

商业模式的核心是客户价值和企业的盈利能力，本书在估值方法上借鉴了杨晓琳（2017）提出的均值估值思路，在并购中基于企业的商业模式对其进行估值时，在资产评估常用方法的基础上，结合企业商业模式和财务数据分析，分别对商业模式中的客户价值、企业价值和企业利润给予一定的权重，通过加权平均得出最终估值的方法。

这一思路在本书提出的估值区间可调节模型的相关取值方法中也得以借鉴应用。基于商业模式估值的思路框架如下：对企业的客户价值、企业价值和企业利润分别运用不同的估值方法来评估，而且对其赋予不同的权重比例，再对各部分计算出来的估值进行加权平均，得出企业价值的最终估值。

在评估企业客户价值方面，客户的数量、消费金额、持续周期和获客成本，都是估值的核心要素，也是客户资产价值的来源。在企业持续经营的假设前提下，评估企业未来收益和价值增量时，可以借鉴互联网企业在并购估值时的入口流量法和用户转化法，来评估企业客户资产价值。客户资产价值可以分为客户购买力价值和客户销售收入价值，建立模型如下：

单个顾客的资产价值：

$$CEV_i = V_{p,i} + V_{c,i} \qquad (2.1)$$

整体顾客资产价值：

$$CEV = \sum CEV_i = \sum (V_{p,i} + V_{c,i}) \qquad (2.2)$$

在评估商业模式中企业价值方面，主流的估值方法有基础成本法、市净率法、市盈率法、自由现金流量法等。基础成本法主要是在企业净资产的基础上减去商誉部分，对企业无形资产的估值过低；市净率法、市盈率法是资产评估中市场法的常用方法，它们需要比对市场上类似企业进行评估；自由现金流量法是资产评估中收益法的一种，是通过预测企业未来可能产生的现金流量并加以适当的折现率，计算出企业的未来价值。

在评估企业利润方面，一般采用税后利润（净利润）为主，净利润为企业利润总额减去所得税费用。

最后通过加权平均计算出企业的最终估值。对上述的客户资产价值、企业价值和企业利润各赋予 3∶4∶3 的权重，最终计算出基于商业模式的企业估值。

第二节 基于企业生命周期视角的估值理论

刘浩（2019）通过对 NYSE、AMEX 和 NASDAQ 三大股票市场 1963~2015 年上市的 18544 家企业的统计发现，企业估值随企业生命期的增长而整体呈现下降趋势。统计数据显示美国企业的估值（市值账面比）的中位数从刚上市时的 2.881 逐渐下降到 30 年后的 1.375。对中国沪深两市 1998~2015 年上市的

2354 家 A 股企业的统计数据显示，中国企业的估值（市值账面比）的中位数从刚上市时的 2.851 逐渐下降到 20 年后的 1.896。

一、基于企业生命周期理论的文献综述

企业估值随着企业生命周期的变化而变化，目前，学者主要从平均盈利变化、市值账面资产比较和组织管理僵化三个角度来分析不同生命周期阶段企业价值差异的影响。我国资本市场在面对企业未来盈利水平的不确定性时，通常认为这种不确定性和企业估值之间存在正向关联，而随着企业盈利逐渐明确，企业估值可能会随着企业年限的增长而有所降低（李冬伟和李建良，2012；刘浩，2019）。随着企业利润的累积、融资资本的增加，以及投资收益的减少，企业的股利分配政策会在保留利润与分配利润之间做出权衡；企业初创阶段倾向于保留利润用以企业未来资本扩张，企业成熟阶段后，随着投资收益的逐渐减少而现金利润累积增加，企业会增加股利分配从而提升股票持有价值（Koval 等，2017）。

从数据统计分析的角度来看不同阶段的企业生命周期估值，通过分析 34 家上市公司 8 年的财务数据，结合总资产增长率、股东权益增长率、销售收入增长率等指标，研究发现企业的成长性随着上市年限的增加和企业规模的扩大而下降（刘秀玲，2009）。通过分析 1990~2012 年澳大利亚股票市场 8020 个企业的年度报告，以留存收益权益比率来分析企业所处的生命周期阶段，研究发现企业生命周期与股权资本成本存在显著的负向关系。在对 NYSE、AMEX 和 NASDAQ 三大股票市场 1963~2015 年上市的 18544 家企业统计发现，随着企业生命期的延长，其估值往往呈现下降趋势。例如，美国企业上市初期的估值中位数从 2.881 逐渐下降到 30 年后的 1.375。中国沪深两市 1998~2015 年上市的 2354 家 A 股企业统计数据显示，中国企业的估值（市值账面比）中位数从刚上市时的 2.851 逐渐下降到 20 年后的 1.896，从中可以看出资产风险及收益率随企业生命周期的变化而变化，资产风险—收益特征也随企业生命周期呈

现规律性变化（刘璐姗，2010）。

企业生命周期驱动的商业模式创新，能够为企业带来价值提升（MierasE，2015；Manda 等，2015）。通过留存收益权益比率和留存收益资产比率来衡量企业所处的生命周期阶段，对高科技上市公司是否支付现金股利及股利发放率，对企业生命周期中不同阶段的价值有一定影响（宋福铁和梁新颖，2010；郑征和朱武祥，2019）。企业不同生命周期阶段中，企业现金流量表对企业融资、投资、日常运营三种经营活动现金流净额的变化，会影响企业不同生命周期阶段的未来盈利能力（Kevin 等，2014；Nazzaro 等，2020）企业组织随着上市年限的增长，企业管理层会更多地关注存量资产的运营管理，对组织内部管理变革和增量投资可能会减少，导致企业组织管理变得越来越僵化和托宾 Q 下降（Loderer 等，2016；Belak 和 Milfelner，2016）。

二、企业成长理论及估值模式

从企业生命周期的角度来看，企业生命周期理论在企业自有现金流贴现（DCF）模型中的第二阶段和第三阶段理论非常相似，有很多可取之处，而其中对企业估值最关键的是成长性。本杰明·格雷厄姆在《聪明的投资者》中提到了成长股价值评估公式，Molodovsky 方法、Tatham 表、GDC 优先法等数学方法计算结果与该模型计算出来的价值数据非常接近，成长股价值评估模型如下：

$$V = EPS \times (2G + 8.5) \tag{2.3}$$

其中，V 为股票价值，EPS 为当前每股收益，G 为预期年增长率。

该估值模型基于当前企业经营业绩 EPS，强化了企业成长性 G 的参数值，在现有业绩的基础上为未来增长价值估值。格雷厄姆对于该估值模型的应用，重点放在企业生命周期中的成长阶段，所使用的价值参数中对公司年增长率 G 的预测区间介于 5%~15%，超出这个区间，计算出来的结果与上述数学方法等的差异率将逐渐上升。

第三节 基于财务资产评估视角的估值理论

基于财务资产数据开展的评估方法是目前并购市场上的主流评估方法，从资产评估和价值投资的角度，很多学者对企业的估值提出不同的思路。

一、基于财务资产评估的文献综述

目前对资产评估的相关研究很多，其中针对资本市场并购估值方法和商誉的研究文献，提出了很多有建设性的措施和实证观点（邓乐，2015）。企业估值的基本方法体系，可以归纳为成本法、市场法、收益法三种，每类方法的前提假设、逻辑框架、模型运用、计算条件、适用范围等都有差异（姜楠，2010）。市场法体现的是企业外在市场价值，而收益法和成本法更为关注企业的内在价值，市场法能够融合并购交易过程中市场多方参与的供需关系所带来的溢价效应，有利于并购双方理解和接受的估值方法（胡晓明，2013）。通过对企业市场定位和竞争中的市场地位分析，以及财务层面的企业价值计量，收益法具有相对比较优势，对决策实效的影响较大（李红杰，2011）。通过对2008~2010年上市公司并购重组案例的实证分析，可以发现收益法的应用比例为75%，市场法的应用比例为7%，资产基础法的应用比例最高为93%（岳公侠等，2011；王超发和孙静春，2017）。

根据我国资本市场的实际情况和经济监管环境的差异性，相对国际资本市场上市场法、收益法、成本法的现有应用顺序，我国则以成本法、收益法、市场法的先后应用顺序来评估（左文进和刘丽君，2019）。根据我国企业的实际特点，对现金流量为基础的估值方法中未来现金流和折现率的计算，可以将收益法的模型修正为企业当期价值等于企业资本投入加上资本增值部分（曹中，

2009；张先治和刘媛媛，2010；陈波，2019）。通过对国内上市公司和高新技术企业的现金流量贴现模型分析，比较估值结果与市场价格之间的关系和相关应用，可以对企业增长速率、贴现率和现金流量进行衡量策略，用以对现金流量的现值分析（Jennergren，2011；Sergey 等，2018）。

股利贴现模型的核心思想是企业内在价值等于未来企业分红的现值之和，通过股利贴现模型对企业内在价值的计算，可以获得企业价值与目前股票市场价格的套利机会（Mikael，2019；Martin，2019）。CAPM 模型是用来计量股权资本收益率，通过对不同风险程度的企业现金流量分析来匹配适度的折现率（Barnes 和 Lopez，2006；陶安迪，2019）。

并购标的企业内在价值由企业净资产价值、无形智力资产溢价以及并购所产生的协同溢价构成（赵子铭，2019）。企业并购方式的差异化，在标的企业财务价值的基础上还要结合无形资产溢价、协同溢价等其他因素（郑湘明和秦喜杰，2004；Saunders 和 Brynjolfsson，2016；Josipa，2018；孙一顺和舒伟，2019）；也有学者提出实物期权进行企业内在价值评估的思路，企业的内在价值是在现有资产的基础上，结合企业的未来成长性和可能创造的财富价值，通过对赌协议双向激励，同时兼顾企业经营选择权的综合价值评估（Keshav，1982；王少豪，2013；Tandja 等，2018；Penizzotto 等，2019；范雪梅，2020；王宇航和周琪，2020；Jan 等，2020）。

二、基于财务资产评估角度主流估值方法简介

我国资产评估协会发布的《资产评估执业准则——企业价值》中，对企业价值评估给出的定义是指注册资产评估师遵照相关法律法规及资产评估准则，对评估基准日特定目的下的企业整体价值进行分析、估算并且发表专业意见的过程与行为。目前常用的企业价值评估方法主要有成本法、市场法和收益法三种。

1. 成本法基础理论

成本法又称资产基础法或者账面调整法，它源于古典经济学中的供给理论，是将标的企业全部资产按照现价进行重置，以重置成本减去部分损耗折旧，这种方法忽略了无形资产和组织运行的成本，以及并购后所带来的协同溢价。

成本法的使用有两个基本前提条件假设：一是企业各单项资产关联度弱，无法提升企业的整体盈利能力；二是企业的各项资产可以重置并且成本能够准确计算。成本法可以分为净资产账面价值、重置价值和清算价值三种价值，分别应用于不同估值环境，是基于企业财务报表数据综合分析报表中各项资产和负债，经过适度的调整之后所得的评估值。在实操应用中，成本法的应用前提和假设条件一般很难满足，从理论上看企业财务报表并不能包含所有的企业资产价值，例如，企业无形资产的价值在财务报表中的标注价格并不合理，而且其对企业发展的影响力和护城河作用也没有合理的估值。企业的财务报表数据由于会计处理方法中部分资产或费用所属科目不同，很容易被实控人人为操纵。这些影响因素都导致成本法很难独立地作为企业价值评估的方法，因此成本法更多地被作为其他估值方法的参考和检验，用以衡量其他估值方法的有效性。

2. 市场法基础理论

市场法是指通过选取市场上若干个与标的企业相似的参照企业，同时计算分析目标企业的价值乘数，用该乘数调整选取的参照企业的市场价值之后得到标的企业市场价值的方法。根据资产评估准则中的替代准则，理性市场上给出的某项资产价值不会高于该资产完全替代品的现行市场价格，而实际上市场上很难找到完全一致的替代品。

市场法在应用中的基本条件假设：一是市场有效，资本市场足够广泛，具有各类行业的上市企业并具有足够活跃的交易量；二是资本市场中对标企业的各类指标和相关数据真实有效，市场上的股价已经充分反映其价值和风险。市场法可以较为方便快速地对公司进行估值，但需要资本市场上有相似的参照物或并购案例作为依据，在实际操作中，市场法多用于同地段的房地产评估或同业并购。

在市场法估值的应用过程中需要对三个重要的影响因子——价值乘数选择、可比公司选择和调整系数进行考量。

（1）价值乘数选择。在价值乘数选择方面，主要根据标的公司的行业特征和经营特色，以选择适合标的公司使用的价值乘数，适用于标的公司的价值乘数在选择上存在受评估人员主观性较强影响的可能，在与可比公司比较分析时可能造成可比性较差的问题。目前常用的价值乘数存在不能全面反映行业特征的可能，在比较分析中导致无法全面反映企业价值的估值偏差问题，因此需要选取能够适用于各个子行业细分市场的价值乘数，再根据企业特色考虑调整。

价值乘数的设计主要从收益和资产的角度，包括各类收益指标和各类资产指标，选取合适的收益类价值乘数和资产类价值乘数，目前主流的指标包括市盈率、市销率、市净率、企业价值倍数等。

市盈率（PE）是企业利润与企业价值的比率，可分为静态市盈率和动态市盈率，是市场法估值中最常用的估值指标。静态市盈率以公司前一财务年度盈利水平为依据，会影响公司近期和未来的盈利能力；动态市盈率则以近期的盈利为基础，综合考虑标的企业的目前市盈率水平和未来的成长性。净利润亏损的公司市盈率便成了负值没有参考价值，因此经营亏损的公司不适宜使用市盈率作为价值乘数。

市销率（PS）是企业销售收入与企业价值的比率，是市场法估值时对未盈利企业重要的价值乘数。相对市盈率而言，市销率作为价值乘数有诸多优点：企业收入不会出现负值，市销率的考量一定具有价值；相对于利润，销售收入更不容易被人为操纵，具有更好的稳定性和可靠性。但是市销率不能反映企业成本的控制能力，同业才有比较意义，跨行业的市销率差异很大。

市净率（PB）是企业净资产与企业价值的比率，企业净资产的市场价格高于财务价格时，在市场有限的假设下一般认为标的资产的发展潜力较好，反之则差，但也有市场犯错误的时候，会出现价格低于价值的情况。不同行业的资产市净率差异很大，而且对无形资产溢价的忽略，导致适用于重资产的企业价值评估而不适合轻资产企业。

企业价值倍数指标与市盈率的估值原理相似，与市盈率指标相比不受企业所得税政策和资本结构影响，扣除了折旧摊销这类非现金成本的影响，反映企业价值更加准确，有利于跨行业或者不同国家的同类型企业进行估值比较。但是企业价值倍数作为价值乘数，更适合于业务较为单一的企业，因为业务类型过多对会增加利润调整的复杂性，从而导致准确度下降。

（2）可比公司选择。在可比公司选择方面，市场法主要通过分析企业所处行业和行业地位选择相近可比公司，同业筛选中注重对企业规模、盈利能力、运营能力、偿债能力、成长性等指标体系的分析。不同评估人员对价值指标的认识价值不同，会导致可比公司的选择存在较大差别，为了解决评估人员主观判断的难题，可以利用数学模糊法的海明贴近度对可比公司的相似度进行排序、筛选和赋权。

在可比公司的可比性方面，同一子行业内各企业虽然有其共性，但资源禀赋和组织能力等方面的差异，会导致企业具有一些独特特征。为了增加可比公司的可比性，通常选择上市公司作为可比公司，选出的可比公司在财务报表、公司战略等方面资料比较全面且相对可比性高。在可比公司选择中重点关注以下指标：总资产、营业收入、总资产周转率、流动资产周转率、流动比率、速动比率、总资产收益率、净资产收益率、销售毛利率、营业收入增长率、总资产增长率等。

（3）调整系数。在可比公司赋权方法上，常用的有层次分析法、主成分分析法、回归分析法、熵值法等。层次分析法受专家个人主观性影响较强；主成分分析法的最终评价指标为综合指标无法明确说明；回归分析法受样本数量影响容易导致估值误差；熵值法是利用指标信息的价值系数来确定权重，受指标本身的值影响。

3. 收益法基础理论

简单来说，收益法评估企业价值就是把未来所能获取的全部收益折现。收益法是各类估值方法中，体现资本未来的获利能力最有效的方法；其通过企业的盈利能力和风险考量，以及货币的时间价值，能够较好地反映企业的内在价值，同时还可以应用于专利技术、品牌、牌照批文等无形资产的评估。

收益法在应用中的条件假设：一是需要企业具有持续的盈利能力和现金流量可以用于计算；二是对企业未来各年的预期收益、折现率和阶段时间设定的预测是关键。通过收益法进行估值时，根据使用现金流量的参照物不同，分为股利现金流量折现模型、自由现金流量折现模型和经济利润折现模型三种。收益法主要强调对未来预期收益的折现，而在实际运营中未来收益的变化存在太多的变数和不确定性，另外折现率的确定也很难准确，这些都是收益法应用中的难点。

在对企业的内在价值进行评估时，现金流量折现模型在理论上相对比较完善，在实际操作中也是比较常用的方法，其可以对企业进行整体解析，符合评估标准及企业管理的需要。企业的内在价值是对未来现金流量进行折现的价值，该模型的基础公式为：

$$P = \sum_{t=1}^{n} \frac{FCFF}{(1 + WACC)^t} \tag{2.4}$$

其中，FCFF 为现金流量，指企业在持续经营过程中的各个时期对未来现金流量的预测。不同资产未来现金流量的变化也不同，资产盈利能力、企业运营能力、市场环境的变化等都能影响现金流量，取值为现金的流入量扣除现金的流出量。

WACC 为资本成本，即计算现金流量现值的折现率，获取现金流的风险和报酬率正相关。

现金流量持续年期 t：即现金流量产生的时间期限，以年为单位。

（1）股利现金流量折现模型：股利现金流量折现模型是以公司未来的股息折现值作为公司的内在价值，该模型把股票股利视为仅有的现金流。股利现金流量折现模型的一般公式为：

$$P = \sum_{t=1}^{\infty} \frac{D_t}{(1 + r)^t} \tag{2.5}$$

其中，P 为普通股现值，D_t 为每股预期股利，r 为折现率。该模型适用于股利和分红政策稳定，历史上股利发放时间长的企业估值，该模型评估的是股权的价值，而相对忽略了企业债权价值所代表的融资能力。

（2）自由现金流量折现模型。自由现金流量是指一段时期内由股东和债权人可以分配的现金，企业的现金分红、转增、回购都属于企业的自由现金流量。自由现金流量剔除了企业财务结构的束缚，自由现金流量 FCFF 公式为：

$$FCFF = EBIT \times (1-T) + Z - Y - X \tag{2.6}$$

其中，Z 为企业折旧，Y 为营运资本净增加额，X 为资本性支出。企业自由现金流量在不同的成长时期，针对不同的增长率有不同的假设，根据各阶段的差异可以将自由现金流量分为稳定增长、两阶段增长和三阶段增长，各阶段对应的模型如下：

1）稳定增长模型。该模型的基础是：企业规模、资本结构和利润收益相对稳定，且按照确定的增长率稳步增长。其公式如式（2.7）所示：

$$P = \sum_{t=1}^{n} \frac{FCFF}{(1 + WACC)^t} \tag{2.7}$$

运用稳定增长模型要具备两个假设条件：一是企业的折旧和资本性支出接近；二是现金流有一个确定的增长率，而这是很难预测绝对准确的。

2）两阶段增长模型。如果一个企业的发展是先经历高速增长时期而后进入稳定发展时期，那么该企业就适合采用两阶段增长模型，也是目前在并购估值时使用最多的模型。其表达式和模型公式分别为：企业价值＝高速增长期的自由现金流量现值＋稳定增长期的现值。高速增长期的设定通常为 5 年，但也可以根据实际情况调整。

$$P = \sum_{i=1}^{n} \frac{R_i}{(1 + r)^i} + \frac{R_n}{r(1 + R)^n} \tag{2.8}$$

其中，P 为收益法企业价值，R_i 为未来第 i 年的预期收益（企业自由现金流量），R_n 为未来第 n 年及以后永续等额预期收益（企业自由现金流量），r 为折现率，n 为未来预测收益期。

3）三阶段增长模型。在这个模型下，企业的发展历经三个阶段，包括高速增长、增长率放缓和永续增长阶段，模型公式为式（2.9）：

$$P = \sum_{i=1}^{n_1} \frac{R_i}{(1+r)^i} + \sum_{i=n_1+1}^{n_2} \frac{R_i}{(1+r)^i} + \frac{R_n}{r(1+R)^n} \qquad (2.9)$$

其中，P 为收益法企业价值，R_i 为未来第 i 年的预期收益（企业自由现金流量），R_n 为未来第 n 年及以后永续等额预期收益（企业自由现金流量），r 为折现率，n_1、n_2 为高速增长期和增长率放缓期。

三阶段增长模型实际上就是两阶段模型的一个延伸，它把企业未来的发展阶段进行细分，因此计算出来的结果也就更加准确，但由于采用的变量更多，所以评估的难度也更大。

（3）股权自由现金流量贴现模型。股权现金流量是股东对现金流量所拥有的权利，是股东对剩余资产的所有权，包括企业的营业收入在扣除费用、债务和资本性支出后的剩余部分。公司股东选择是支付股利还是继续投资，当公司选择继续投资时，股利小于股权现金流量，所以二者是有区别的。股权现金流量的计算公式：股权现金流量=净收益+折旧-长期资本支出-经营资本追加额-偿还的债务+新发的债务。

在股权现金流量的基础上加上债券的价值就是企业整体的价值。该模型应用的前提假设条件是公司要无限存续经营，也可分为三个阶段，每个阶段的模型和企业自由现金流量模型相似，就是把模型中的自由现金流量 FCFF 换成股权现金流量 FCFE，折现率 WACC 选择股权资本成本即可。并购中目标企业价值评估基本方法比较如表 2.1 所示。

表 2.1　并购中目标企业价值评估基本方法比较

价值评估 基本方法	成本法	市场法	收益法
基本假设	企业价值等于有形资产 价值之和减去负债价值	市场价格充分反映 资产价格	企业价值可用未来现金 流量的现值来表示
主要方法	账面价值法 清算价值法 重置成本法	可比公司法 可比交易法	现金流量贴现法 经济增加值法

续表

价值评估 基本方法	成本法	市场法	收益法
评估结果	市场公允价值 清算价值	市场价值	企业内在价值 持续经营价值

（4）收益法估值时存在的问题。收益法的应用存在一定的局限性，对于研发投入很大，短期经营困难未产生正现金流的医药企业来说，计算过程中会产生负的现金流量，用负的现金流量计算出来的结果就是负的权益价值和内在价值，这样会错过很多优秀的创新药企业，例如，歌礼制药等。同样，对于一个具有周期性波动特点的医药流通企业，它的收入和现金流量会因为经济环境的波动而有所变化，现金流量不稳定，所以在使用收益法对这类企业进行估值时，需要准确地对未来的现金流量进行预测，否则评估结果会偏离很大。对于拥有大量闲置资产的公司来说，这些闲置资产是不会产生任何现金流量的，那么就认为公司的部分资产是没有合理运用的，对于类似这样的资产的价值，收益法无法准确反映其价值。

收益法参数的选择较为随意，在预测企业未来的收益额时会受到多种因素的影响，使预测在一定程度上存在不确定性。除上市公司有较多的数据可供参考外，大部分公司收益额的预测需要目标企业提供一定的资料，这种和企业利益息息相关的主观行为，会使企业管理者有意提高或降低某些指标，也存在提供虚假的盈利预测的风险性，使评估结果的客观准确性存在风险。另外盈利预测本身也存在一定的缺陷，预测本身具有不确定性，整个预测过程也是复杂多变的，不同的预测方法又各自存在一定的局限性，所以预测结果的可靠性也会存在差异，同时，选取较长的预测期，意味着不确定性因素会更多，其准确性也就相对更差。

收益期限简单说就是获取收益的年限。由于企业有自己的生产经营特点，所以一般情况下我们将收益期人为地划分为有限期和无限期。对于预期收益经常波动且在趋势预测中没有明显增长势头的企业要采用有限期，对于预测收益可以持续稳定增长的企业一般选用无限期。在我国目前的资产评估理论和实务中没有明确的标准界定收益期限，所以一定程度上导致选择的随意性。

折现率一般可以分为两类：股权资本成本和加权资本成本。折现率是企业价值评估中的关键指标，由于折现率的轻微差异就会带来评估结果的很大偏差，不同的模型可能采用的折现率要求的性质也不尽相同，所以在对折现率的选择上必须慎重，但是我国目前还没有一个统一的确定标准。

总之，企业的估值具有整合价值和难以确定的特征，在实际操作过程中，我们可以根据被评估企业的实际情况和交易立场，组合使用多种方法进行估值，使结果更为准确有效。

第四节　基于博弈补偿机制视角下的估值理论

并购的过程是并购双方或多方博弈的过程，其中并购估值是双方争议的焦点，而未来几年的业绩及增长情况是测算估值的重要影响因素。对未来的业绩预测是标的企业估值的重要参数，标的企业想获得较高的估值就必须承诺实现高业绩增长，而通常会以企业净利润的增长作为对赌标的，也有以上市时间、销售收入、市场份额等为对赌标的的。在此基础上双方会提出业绩对赌和对应的补偿机制，对赌协议是并购双方或多方重复博弈的结构设计，可以降低各方在并购中的不确定性风险。

企业在并购过程中存在信息不完全和不对称的情况，被并购标的的管理层和股东对企业发展的战略规划及市场前景、经营业绩等方面的判断和预测，直接影响到资产估值的结果。为了获得更高的并购价格，并购标的股东倾向于乐观判断企业未来的盈利前景，所提出来的业绩预测方案往往较为激进；为了解决并购方股东及证监会监管层对并购标的企业未来盈利预测的质疑，要求被并购标的股东对企业未来盈利做出承诺保证，对达不到盈利预测目标的情况通过恰当的承诺补偿协议进行补偿。在并购估值中，补偿机制可以理解为一种实物期权的选择权，补偿机制虽然不能保证并购方的长期稳定利益，但对并购对赌期内的估值价格有可调节的影响。

对赌协议也被称为估值调整协议，并购双方对于未来业绩、上市时间、债务情况等不确定性事项进行约定；当约定条件发生时，并购方可以行使某种权利；如果约定条件未发生或更好达成条件，被并购方则可行使某种权利。对赌协议可以将标的企业的经营业绩、股东控制权、债务担保、企业上市时间、投资价格等内容作为约定的条件，其中标的企业的未来业绩实现是对赌的核心，与此相对应的对赌条款主要有估值调整条款、业绩补偿条款与股权回购条款，都会影响并购的估值价格。

一、基于博弈补偿机制的文献综述

盈利补偿机制是由 PE、VC 等投资机构在投资并购领域所采用的估值调整协议，该机制在国内并购案例中的广泛应用引发了诸多争议，国内的理论研究主要集中在法理、法律效力层面，在应用层面由起初的私募股权投资领域，延伸到后期的股权分置改革和并购重组领域。

在法律和商业层面，通过"博弈论"的方法来分析比较，并购双方由于立场不同而采用的估值方法也不同，并购方采用的实物期权法、资产重置比较法与被并购方采用的财务价值法、自由现金流量折现法、市场法需要通过博弈来确定最终并购价格（滕涛，2019）。在实物期权法中实证并购标的企业价值以及产生的分歧，可以通过估值调整机制来化解部分分歧和风险，在事前通过协议对赌的方式有效控制，促使并购双方利益一致并有效激励被并购方的管理层（胡增永，2015；李唯滨和姚文飞，2015）。通过构建的实物期权模型，来分析估值调整协议中业绩目标的差异对被并购企业管理层的激励效果，可以得出最优业绩目标设定的标准（郭菊娥等，2012；Kuang 等，2014）。

在估值调整层面，通过构建期权费为基础的对赌模型，可以确定对赌协议的期权风险，从而更好地平衡并购双方的风险与收益（Insley，2002；陶爱萍和方红娟，2014）。通过标的企业与投资公司之间的融资博弈构建模型，可以仿真计算出获得协同效应的条件及最优对赌值，有助于解决标的企业管理层的可能存在的逆向选择问题（陈勇等，2014）。通过对联想集团并购 NEC 个人电脑业务部门的案例分析，计算其实物期权价值及相关敏感性分析，可以实证对赌协议对并购估值的修正价值和对赌协议对被并购方具有正向激励效应，从而使并购方同样能够实现正向收益（冯利文等，2012）。但是也有学者否定对赌协议的正向激励作用，通过契约理论来分析对赌协议的效应，否定了对赌协议对被并购企业管理层的激励效果，无法实现双方利益一致（贾铮，2013）。

从业绩承诺对估值的影响来看，通过业绩承诺能够适度缓冲并购双方的信息不对称，也变相地推高了标的资产的估值价格，同时造成二级市场对其股价的高预期（于成永和于金金，2017；胡晓明和汪昊，2019；翟进步等，2019）。通过对盈利补偿机制的发展过程和在实际中的应用分析，发现盈利补偿机制可能会导致估值泡沫，过度关注短期业绩而影响企业并购后的整体协同效应发挥，导致长期业绩增长乏力的问题（谢欣灵，2016）。在对上市公司并购补偿案例的分析中，发现股份补偿能更有效地保护并购方的利益，对并购方的股价也能会产生正向效应（肖永明，2017）。上市公司通过定向增发并购资产的方式中存在利益输送的问题，特别是通过收益法给予并购标的高估值和高业绩承诺，与此同时配套高折价定增给关联方，存在大股东掏空上市公司的可能（翟进步，2018；简冠群等，2019）。

对于企业多轮融资中的不同轮投资者的差异诉求，通过构建标的企业、首轮投资者和再融资投资者间在各种情形下的博弈—合作模型，以分析各个利益方的预期收益—损失策略；标的企业与再融资投资者合作可以获得更多的控制权收益，而首轮投资者与再融资投资者合作则能实现资方利益最大化，从而达到一个多方利益均衡（刘峰涛等，2016）。

从商誉减值风险的角度来看，商誉摊销或减值具有不同的理论假设和应用场景，反映了在财务报表编制者与二级市场的不同主体间的利益博弈。在上市公司的商誉减值测试评估中，也存在类似于企业价值评估的误区，依据《会计监管风险提示第 8 号——商誉减值》对存在的问题提出相应对策（王诚军，2019；邓士丹，2019；陈俊发，2019）。通过对我国 2015～2018 年上市公司并购后的商誉减值风险进行实证分析，发现并购后的企业成长性与整合优势，会严重影响后期的商誉减值风险（田新民和陆亚晨，2019）。对于 A 股市场上高估值无法兑现高利润而给企业并购方带来的商誉减值风险问题，也有学者给证监会监管层提出了规范商誉信息发布、修订相关会计准则、强化事后监管等方面的相应建议（任雅萍，2018）。

二、《上市公司重大资产重组管理办法》中盈利补偿机制的规定

我国上市公司并购重组中的制度性突破是 2008 年 5 月 18 日起正式施行的《上市公司重大资产重组管理办法》（以下简称《重组管理办法》），将估值调整机制的思维引入我国上市公司并购重组，首次从法律层面对上市公司重大资产重组相关盈利预测及补偿适用的条件、要求及具体操作进行了规定，为对赌协议在我国上市公司并购重组中的应用提供了法律依据。

《上市公司重大资产重组管理办法》（2016 年修订）第三十五条规定：采取收益现值法、假设开发法等基于未来收益预期的方法对拟购买资产进行评估或者估值并作为定价参考依据的，上市公司应当在重大资产重组实施完毕后 3 年内的年度报告中单独披露相关资产的实际盈利数与利润预测数的差异情况，并由会计师事务所对此出具专项审核意见；交易对方应当与上市公司就相关资产实际盈利数不足利润预测数的情况签订明确可行的补偿协议。上市公司向控股股东、实际控制人或者其控制的关联人之外的特定对象购买资产且未导致控制权发生变更的，上市公司与交易对方可以根据市场化原则，自主协商是

否采取业绩补偿和每股收益填补措施及相关具体安排。

《上市公司监管法律法规常见问题与解答修订汇编》（2015 年 9 月 18 日）中规定：交易对方为上市公司控股股东、实际控制人或者其控制的关联人，应当以其获得的股份和现金进行业绩补偿。如构成借壳上市的，应当以拟购买资产的价格进行业绩补偿的计算，且股份补偿不低于本次交易发行股份数量的 90%。业绩补偿应先以股份补偿，不足部分以现金补偿。业绩补偿期限一般为重组实施完毕后的三年，对于拟购买资产作价较账面值溢价过高的，视情况延长业绩补偿期限。

《上市公司重大资产重组管理办法》（2020 年 3 月 20 日）是经中国证券监督管理委员会《关于修改部分证券期货规章的决定》修正后的版本。其中盈利补偿机制的规定主要在《监管规则适用指引——上市类第 1 号》中有进一步明确，具体内容如下：业绩补偿范围包括交易对方为上市公司控股股东、实际控制人或者其控制关联人，无论标的资产是否为其所有或控制，也无论其参与此次交易是否基于过桥等暂时性安排，上市公司控股股东、实际控制人或者其控制的关联人均应以其获得的股份和现金进行业绩补偿。在交易定价采用资产基础法估值结果的情况下，如果资产基础法中对一项或几项资产采用了基于未来收益预期的方法，上市公司控股股东、实际控制人或者其控制的关联人也应就此部分进行业绩补偿。

业绩补偿方式：交易对方为上市公司控股股东、实际控制人或者其控制的关联人，应当以其获得的股份和现金进行业绩补偿。构成重组上市的，应当以拟购买资产的价格进行业绩补偿计算，且股份补偿不低于本次交易发行股份数量的 90%。业绩补偿应当先以股份补偿，不足部分以现金补偿。

交易对方以股份方式进行业绩补偿时，按照下列原则确定应补偿股份的数量及期限：以收益现值法等估值的计算，以收益现值法、假设开发法等基于未来收益预期的估值方法对拟购买资产进行评估或估值的，每年补偿的股份数量为：当期补偿金额＝（截至当期期末累积承诺净利润数-截至当期期末累积实现净利润数）÷补偿期限内各年的预测净利润数总和×拟购买资产交易作价－累积已补偿金额；当期应补偿股份数量＝当期补偿金额/本次股份的发行价格，当期股份不足补偿的部分，应现金补偿。采用现金流量法对拟购买资产进行评估或估值的，交易对方计算出现金流量对应的税后净利润数，并据此计算补偿股份数量。此外，在补偿期限届满时，上市公司应当对拟购买资产进行减值测试，例如，期末减值额/拟购买资产交易作价>补偿期限内已补偿股份总数/认购股份总数，则交易对方需另行补偿股份，补偿的股份数量为：期末减值额/每股发行价格－补偿期限内已补偿股份总数。

以市场法估值的计算：以市场法对拟购买资产进行评估或估值的，每年补偿的股份数量为：期末减值额/每股发行价格－补偿期限内已补偿股份总数，当期股份不足补偿的部分，应现金补偿。

其他事项：净利润数均应当以拟购买资产扣除非经常性损益后的利润数确定。减值额为拟购买资产交易作价减去期末拟购买资产的评估值并扣除补偿期限内拟购买资产股东增资、减资、接受赠予以及利润分配的影响。会计师应当对减值测试出具专项审核意见，同时说明与本次评估选取重要参数的差异及合理性，上市公司董事会、独立董事及独立财务顾问应当对此发表意见。在逐年补偿的情况下，在各年计算的补偿股份数量小于 0 时，按 0 取值，即已经补偿的股份不冲回。拟购买资产为非股权资产的，补偿股份数量比照前述原则处理。拟购买资产为房地产、矿业公司或房地产、矿业类资产的，上市公司董事会可以在补偿期限届满时，一次确定补偿股份数量，无须逐年计算。

上市公司董事会及独立董事关注要点：应当关注拟购买资产折现率、预测期收益分布等其他评估参数取值的合理性，防止交易对方利用降低折现率、调整预测期收益分布等方式减轻股份补偿义务，并对此发表意见。独立财务顾问应当进行核查并发表意见。

业绩补偿期限：业绩补偿期限不得少于重组实施完毕后的三年。

业绩补偿承诺变更。重组方应当严格按照业绩补偿协议履行承诺。除证监会明确的情形外，重组方不得适用《上市公司监管指引第 4 号——上市公司实际控制人、股东、关联方、收购人以及上市公司承诺及履行》第五条的规定，变更其作出的业绩补偿承诺。

业绩补偿保障措施。上市公司重大资产重组中，交易对方拟就业绩承诺作出股份补偿安排的，应当确保相关股份能够切实用于履行补偿义务。如业绩承诺方拟在承诺期内质押重组中获得的、约定用于承担业绩补偿义务的股份，重组报告书应当载明业绩承诺方保障业绩补偿实现的具体安排，包括但不限于就以下事项作出承诺：业绩承诺方保证对价股份优先用于履行业绩补偿承诺，不通过质押股份等方式逃废补偿义务；未来质押对价股份时，将书面告知质权人根据业绩补偿协议上述股份具有潜在业绩承诺补偿义务情况，并在质押协议中就相关股份用于支付业绩补偿事项等与质权人作出明确约定。

上市公司发布股份质押公告时，应当明确披露拟质押股份是否负担业绩补偿义务，质权人知悉相关股份具有潜在业绩补偿义务的情况，以及上市公司与质权人就相关股份在履行业绩补偿义务时处置方式的约定。独立财务顾问应就前述事项开展专项核查，并在持续督导期间督促履行相关承诺和保障措施。

在我国上市公司并购重组实务中，引入盈利补偿机制作为一项控制防范并购风险、保护上市公司和二级市场中小股东利益的重要制度和措施创新，对并购各个环节及并购中相关方的思维和行为模式产生了重大影响，彻底改变了并购重组博弈的方式及结果。随着法律法规及机制的逐步完善，业绩对赌的理念也逐步在中介机构、上市公司及并购标的等相关方中得到贯彻和普及，盈利补偿机制逐渐成为上市公司并购中的最具直观效果及操作性的重要机制，成为上市公司重大资产重组的惯例性做法。在符合《重组管理办法》"依据收益法评估结果作价"强制使用条件的上市公司重大资产重组中，业绩补偿机制成为必备要件，也是顺利通过并购审核的关键要素。

三、基于补偿机制选择权的估值方法

目前我国上市公司并购重组实务中，业绩承诺期为并购实施完毕后的三

年，但并购标的行业具有特殊性或交易本身存在特殊性，如跨界并购且标的估值过高，需要延长承诺期降低上市公司风险。

补偿方式主要有现金补偿、股份补偿、股份+现金补偿，其中股份补偿包括股份回购补偿、赠送股份补偿等方式，在部分变更补偿方式的案例中，也有采用"上市公司向除补偿承诺方以外的股东进行资本公积金转增股本"的方式。

现金补偿是指当并购标的企业的原股东没有达成业绩承诺时，业绩承诺方向并购方以支付现金的方式进行补偿，每期现金补偿数额按照计算公式得出的差额补偿。股份回购补偿是指当并购标的企业的原股东没有达成业绩承诺时，并购方以 1 元的价格向补偿承诺方回购其持有的股份，回购数量按照计算公式得出的应补偿股份数量支付，将回购的股份注销，同时减少上市公司注册资本。赠送股份补偿是指当并购标的企业的原股东没有达成业绩承诺时，补偿承诺方向上市公司其他股东按比例无偿赠送上市公司股份，赠送股份总数等于按照计算公式得出的应补偿股份数量。股份+现金补偿是指当补偿承诺方持有的股份不足以补偿时，再以现金进行补偿。

从博弈补偿机制的角度，可以设定为一个实际执行的并购估值模型：由于业绩承诺期多为 3 年，在进行业绩补偿时也为 3 年分期计算：实际执行并购价值＝合同约定并购价值−补偿金额（或股份）＝合同约定并购价值−（约定 3 年净利润−实际 3 年净利润）/本次股份发行价格×当前股票价格。发行股份并购的价格为并购停牌（上市公司并购董事会决议公告日）前 20、60、120 个交易日上市公司股票加权均价。

将上述补偿机制转化为一个可执行期权模型，也可以重点考量新并入的标的企业利润提升价值对现有并购方上市公司利润提升的比例，以市盈率为例，并购企业在并购前为 30 倍 PE，发行股份并购新公司后，合并财务报表和产生协同效益提升企业利润，使上市的市盈率达到 20 倍 PE，则可视为其协同价值的一部分体现。

四、目前并购补偿机制暴露出来的问题及可改进的应对措施

医药上市公司并购重组过程中的"高估值、高承诺"问题，可能对上市公司并购后的协同溢价给予了乐观预期支付，但市场环境是变化的，按照收益法的未来稳定收益预测在实际运行中很难做到稳定运行，很多并购后业绩逆转，从而给并购方和投资者带来损失。在此基础上证监会引入了业绩承诺和补偿机制，但是我国上市公司并购重组盈利补偿机制可能被恶意利用，偏离了抑制并购估值泡沫的初衷。从 2013 年开始的对"手游""VR""演员 IP"等概念性"轻资产"壳公司的并购，其中上市公司将演员 IP 壳公司并购装入上市公司后，更是将对赌协议中补偿机制的漏洞问题推向了极致。

数据统计显示，2016 年合计有 657 次收购资产需完成业绩承诺，从业绩承诺兑现情况来看，133 起收购资产未完成业绩承诺，超过 24% 的并购标的业绩未达到预期。上市公司并购标的业绩不达标，部分原因是在并购前标的公司的财务存在虚假情况，业绩增长和业绩承诺过度夸大了未来的增长收益，而部分上市公司并购标的之初，不仅是考虑战略协同，更多的还是做高市值管理的需要，在这种情况下，导致上市公司股价下跌也是必然。这类并购标的特点是历史盈利低，对未来赋予高盈利预测及业绩承诺，因其是基于未来发展的乐观预期，而实际未必能够达到业绩承诺，在此基础上如果是现金补偿，被并购方只需要拿出当初并购估值部分中的小部分现金补偿即可，而超额获得了当初估值中的杠杆部分；同时财务并表带来的上市公司业绩增长预期，也推高了二级市场上市公司股价，加大了资产泡沫，而与证监会抑制泡沫的初心渐行渐远，也存在控股股东联合第三方掏空上市公司的可能。

标的资产股东为实现高价出售的目的，先对标的给出高业绩承诺，继而由评估机构根据其未来的高增长预期，调整收益法中的未来收益，导致给出标的的高估值，高业绩承诺成了实现资产高估值的操盘手段。目前大部分的收益法评估采用 5 年永续法，即评估未来 5 年的利润，从第 6 年起则假定资产收益变成稳定收益，而统一采用第 5 年的数据，标的资产的股东很可能会适度调低 1~3 年业绩预测，而调高后 4~5 年业绩预测，特别是第 5 年业绩预测数据，对通过收益法抬高并购估值影响巨大；目前上市公司并购标的的业绩承诺期为 3 年，在评估期为 5 年的情况下，标的资产的股东对第 4~5 年的业绩预测存在虚高现象。虚高的预测既能提高估值，又不需要对业绩承诺承担补偿责任，因此存在自利陷阱隐患。收入预测中增长幅度和业绩承诺两项能够被人为操纵，标的资产的股东业绩补偿方式，如果是以现金的方式补偿，则并购方会损失补偿部分的估值倍数，是不合理的，而如果调整成股份补偿，则能更好地对应资产的实际价值。在医药领域，则是对临床阶段的药品企业给予过高估值的问题，同样也存在业绩补偿问题，如果只是现金补偿，依然无法避免套利问题。因此本书中提出了相应的解决方法，即通过多种估值模型取平均值作为前期付款值，再按照估值调整协议来修正估值价格，在模型中设置对最终并购价格的约束条件，并根据实际业绩来折算成相应的股份比例，以确定最终价格。此模型还包括价格调整和封顶保底机制，可以建立估值调整机制以取代现有的业绩承诺。

第五节　文献评述

本节从商业模式估值、企业生命周期阶段估值、财务资产评估和对赌博弈补偿估值等不同估值方法的视角，研究现有并购估值过程中存在的问题和泡沫化风险。

基于商业模式估值的视角下，学者们主要从商业模式差异对企业的价值创造、战略及盈利模式对企业整体价值提升、产业链与客户价值对企业整体价值的影响等几个方面来研究。

基于企业生命周期估值视角下，学者们主要从不同生命周期阶段的企业价值、企业生命周期驱动的商业模式创新对企业价值提升的影响、资产风险与收益率对生命周期企业的估值影响等几个方面来研究。

基于财务资产估值视角下，学者们主要从财务层面的企业价值计量分析、资产评估中市场法、成本法、收益法的应用分类及效用分析、股利贴现模型及CAPM模型等几个方面来研究。

基于博弈补偿机制的估值视角下，学者们主要从实物期权理论及对赌协议在企业估值的应用、博弈论在企业估值及整合激励中的应用、盈利补偿机制在企业估值中的应用等几个方面来研究。

学者们在对并购估值方面的研究，无论是对理论创新的研究还是案例实证的研究，都非常丰富；尤其是目前主流财务评估方法的研究中，对现有并购估值中存在的问题，提出很多结合金融期权模型的思路（Germania 等，2020；Heng Zhang，2020），也为本书所借鉴。目前学者们的研究多是从单一视角、单一理论的延伸分析，通过实证企业并购中的价值创造以及相应的估值方法有效性，缺乏将多视角的估值方法融合，根据行业特点来具体提出对应的估值方法和条件假设。正是基于此，本书创新性的融合了多视角估值模型，同时聚焦医药企业并购估值的特殊性，提出了估值区间模型，并在此基础上通过2013～2016年的医药上市公司并购数据及2014～2019年的业绩实际完成情况对该模型进行实证，从而得出更能反映企业实际情况的企业价值，能更有利于并购双方交易的达成，实践证监会维护交易公平的原则。

第三章

我国医药产业并购现状及存在问题

医药产业是关系国计民生的产业，具有产业链长、细分子行业多、企业分散等特点，本章从医药产业链及相关行业政策分析入手，对现有医药行业的并购逻辑、谈判博弈、并购估值方法等方面进行了分析梳理，特别是对并购估值中存在的问题进行了详细的阐述，为后续提出解决问题的思路做了相应铺垫。

第一节　医药产业链及细分领域

一、医药产业链简述

医药行业是高度专业和高度监管的行业，也是典型的多部门监管，包括卫健委（管医院和卫生事业）、发展改革委（管药品价格和企业项目投资）、药监局（管药企和药品注册、生产）、人力资源和社会保障部（管医保）、商务部（管医药流通）。在医保方面，则包含居民医疗保险、职工医疗保险和新农合医疗保险体系，其中新农合由卫健委主导。

医药产业链条较长且较为复杂，从上游的科研院校企业研发临床试验、原料药生产合成、中草药种植，到中间的化学药、生物药和中成药的制剂合成生产，再到经销商、医院和药店零售终端，最终到消费者、患者。产业链上各方的议价力也不同，产业的核心是医院，患者没有任何的议价能力。医疗产业结构如图 3.1 所示。

医药产业的细分子行业特别多，包括原料药、化学药（分为普药、专科药、仿制药和创新药等）、中药（分为饮片和中成药）、药用消费品（包括医护耗材和保健品）、生物制品（包括血制品、疫苗和生物制药）、医疗器械、医药流通和医疗服务，共 8 个子行业，在每个子行业根据不同的疾病或差异的治疗方法又有更多的分类，导致子行业的商业模式和估值模式差异很大。医药产业的病种繁多，国际疾病分类（ICD-10）设了 19 个大类和 2 个补充分类，下属 2223 个细分病种，这样就切分出来众多的细分市场。

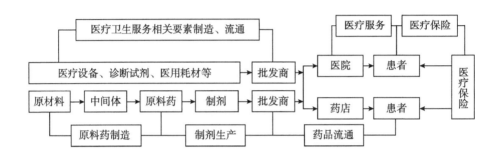

图 3.1　医疗产业结构

医疗行业是典型的刚性需求，不会随着经济周期的波动而周期波动，但也是一个受政府管制和定价控制的行业。从消费周期来看，人们在 50 岁以后是医疗支出的高峰，支出的额度有大有小，医疗需求事先是不可预知的，对应的心理机制是对疾病和死亡的恐惧。基于这一点，健康的效用曲线是高度损失厌恶的，其一定比财富损失的曲线更陡峭，所以患者的支付意愿强且被动。患者与药品关系如图 3.2 所示。

人口的年龄结构和收入决定了消费结构，当前中国正处在快速老龄化的初级阶段，环境恶化以及人们不健康的生活方式会促使未来大病的发病率持续上升。从日本人口老龄化的情况来看，据日本厚生省的统计，70 岁以后的医疗支出占人生中医疗支出的 50%。基于上述因素，基本可以得出未来医疗总需求的趋势。医疗行业是一个政策驱动型的行业，因为其高度监管，监管的重大变动就会带来行业格局的变化。国家发展改革委的降价基本每年有 2~3 次，未来行业的价格压力将持续存在。

一般医药行业的行业增速在 15%～20%。以美国为例分析行业高增速跟高估值的关系。20 世纪 70～90 年代，新药和新技术不断涌现，医药公司发展很快，大药企基本完成了壮大和全球化的过程，享受高估值。1993～1994 年，行业增速低，医药股折价交易。1995～2003 年，受益于技术大爆发，行业高增长，故享受高估值。2005 年以后，大量重磅新药的专利保护到期，医药企业逐渐面临困境，开始折价交易。可以看出医药企业的估值与其重磅创新药的专利保护周期有着严格的相关性。

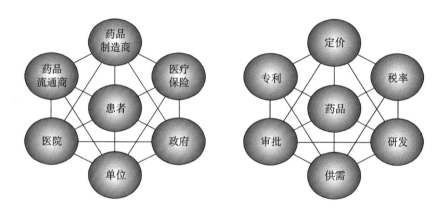

图 3.2　患者与药品关系

（1）化学制药领域。我国的现代医药工业始建于"一五"计划时期，经过近 70 年的发展，已经形成了较为完备的医药产业体系。据统计，截至 2018 年 12 月，我国医药制造业企业已经达到了 7641 家，化学制药行业企业为 2321 家。

按照产品形态和流动方向进行划分，化学制药行业的产业链自上到下可分为以下几个部分：化工行业、医药中间体生产、化学原料药生产、化学制剂生产、医药流通行业和销售终端。由于不少化学原料药行业内的企业也从事医药中间体的生产，一般将医药中间体行业也划入化学原料药行业。化学制药行业又可以细分为两个三级行业：化学制剂和化学原料药，分别有41家和30家上市公司。

从行业的收入和利润方面来看，2015年，医药制造业主营业务收入达到25537.1亿元，化学制剂和化学原料药行业的主营业务收入分别为6816.04亿元和4614.21亿元，整个化学制药行业收入总和占到了医药制造业的44.76%；医药制造业的利润总额为2627.3亿元，化学制剂和化学原料药行业的利润总额分别为816.86亿元和351.03亿元，整个化学制药行业利润总额占医药制造业整体利润总额的44.45%。近年来化学制药行业的营业收入和利润在整个医药制造业中的占比均较为稳定，是医药制造业的重要组成部分。

从研发的角度来看，虽然经过了多年的发展，但是跟国际医药企业相比，我国医药企业的创新能力仍显不足，研发投入和能力都低于跨国药企。美国在创新药投入上展现出极为强劲的实力。从资金规模来看，美国的制药企业与科研机构每年在创新药研发上的投入堪称天文数字。以大型药企为例，辉瑞、默沙东等巨头，每年投入研发的资金动辄数十亿甚至上百亿美元。相较之下，中国在创新药投入方面近年来虽增长显著，但与美国仍存在一定差距。在药企层面，国内头部创新药企如恒瑞医药，2022年研发投入达62.03亿元人民币，尽管在国内处于领先地位，但换算成美元后与美国大型药企的投入相比仍有较大的提升空间。由此可见，目前我国的化学制药行业仍然是以仿制为主，正逐渐开始进行创新药的研究，处于仿创结合的阶段。

在化学原料药领域，近年来我国化学原料药的产量增长较快，从1998年的41.55万吨提高到2014年的303.4万吨。特别是在大宗原料药领域，我国已经成为主要的出口国，2015年，我国维生素A、维生素B1和维生素B2的出口量分别达到了3501.07吨、5508.21吨和2052.46吨。

（2）生物医药领域。从1953年DNA双螺旋结构的发现，到1982年美国食品药品监督管理局（FDA）批准第一个基因重组生物制品，揭开了生物制药的序幕。生物药是指综合利用微生物学、化学、生物化学、生物技术、药学等学科的原理和方法制造的一类用于预防、治疗和诊断的制品。广义的生物药包括酶、细胞因子、激素、抗体、疫苗、血液制品、基因治疗药物、细胞治疗药物等几大类。20 世纪 70 年代基因重组及克隆技术的发展开启了生物技术研究的新时代。生物技术最早应用于从人体内提取胰岛素，以此替代过去从动物体内提取的方式。1986 年第一个抗体药 MuromonabOKT3 获 FDA 批准上市，由此生物大分子药的发展进入了一个新的时代。

生物药相对化学药物，分子大、结构复杂、研发生产壁垒高。生物大分子药与传统化学药相比，最显著的特征是分子量差别较大：传统化学药大都为小分子，通常分子量小于 1000Da，如经典小分子药物阿司匹林的分子量为 180Da；而生物大分子药大多为蛋白质，其分子量巨大，通常大于 5000Da，蛋白质空间结构复杂，以单抗药物为例，其分子量已经达到了 150~160kDa。

生物制药主要分为治疗性生物药物和预防性生物药物。预防性生物药物主要指疫苗。治疗性生物药物主要包括单克隆抗体、酶、干扰素、细胞因子和胰岛素等。最近十多年，治疗性生物药物的研发取得了迅猛的发展，市场规模增长迅速。很多大型制药公司均投入大量资金进行治疗性生物药的研发，如罗氏、安进、赛诺菲和强生等国际巨头，均已有十多种治疗性生物药上市。根据原国家食品药品监督管理总局报道，2017 年全球生物治疗药物的销售已达4400 亿美元，占药品市场的 21%，预计到 2027 年，治疗性生物药物的比重将超过 1/3。生物药中抗体类药物发展迅速，数量占治疗性生物药物约 49%，其主要用于治疗癌症、自身免疫性疾病等。

生物医药细分子行业各有千秋，重点包括单抗类药物、重组蛋白药物、干细胞 CAR-T 治疗三个细分子行业。单抗体类药物靶向性强、疗效好、副作用小，是未来最重要的细分市场。近年来抗体类药物获批数量显著增加、市场占有率节节攀升，表明抗体药的时代已经到来。单抗药物的销售额从 1997 的3.1 亿美元增长到 2015 年的 916 亿美元，2011~2015 年保持着平均 11.5% 的年复合增长率，增长势头仍然很猛。2016 年全球销量前十的药物中有 6 种为抗体类药物，充分展现了市场对抗体类药物的认可。重组蛋白药物具有简便、安全、药效更长等优点。在我国，高端市场以进口重组蛋白药物为主，国内企业正在积极开发长效化胰岛素、生长激素、干扰素、粒细胞集落刺激因子等药物。干细胞 CAR-T 治疗技术应用前景广阔。全球干细胞市场，2010 年规模约为 210 亿美元，2013 年超 400 亿美元，年复合增速达 23%。国内已建立多家干细胞产业化基地，包括华东基地、天津基地、青岛基地、泰州基地等，从事干细胞技术研发、干细胞库建立和干细胞产品开发的公司达近百家，已初步形成从上游存储到下游临床应用的完整产业链雏形。

生物药研发生产主要包括药物发现、临床前研究、临床试验和商业化生产等阶段。从药物发现开始，到临床研究申请（IND）前，需要 3~6 年，其间要完成临床前研究，包括工艺开发、技术转移和制造生产三个步骤。IND 审核批准通过后，可以进行临床试验，临床试验一般至少需要进行三期，这个阶段需要 6~7 年，在临床试验成功后可向 FDA 提交生物制品上市许可申请（BLA）。FDA 受理申请文件后，需要进行生物制品上市许可申请批准前检查（PAI），审核通过后，药品可以开始生产上市，这一阶段需要 0.5~2 年。生物药研发整个流程下来平均需要消耗 9.5~15 年，其时间成本、人力物力的投入都是巨大的。

生物医药遵循制药行业的特定程序，需要经历科研、中试和临床三个阶段才能确保药品的安全性，其中任一阶段出现问题都有可能被否决。一个新类型的药品从研制到投入生产使用一般要经过四个环节，即临床研究、制剂处方和稳定性试验、生物利用度测试和放大实验以及用于人体的四期临床试验。新药研发的成功率很低，例如，美国的成功率为 1/5000，日本的成功率为 1/4000，这是因为只要其中任何一个环节出现问题，就有前功尽弃的可能性。可见生物医药研发的技术环节存在很大的不确定性。

（3）中药制剂领域。中医强调整体观、辨证论治，认为疾病产生的原因是阴阳平衡受到破坏，应从整体的角度对疾病进行治疗和预防。中药即按中医理论用药,为中国传统中医特有药物。中药以中医的脏腑经脉理论为核心,以君臣佐使为配伍原则,辅以四气五味、升降沉浮之法;在生产工艺上,采用物理方法,尽量保留天然药材的药性,按病情需要和药性特点,将多味药物配合同用,利用药性的配伍达到治疗疾病的目的;在药物疗效上,中药的药效及治疗周期长,但副作用小、治标治本,克服了西药副作用大和易反弹复发的缺陷。因此,中药在预防疾病和治疗慢性疾病上有明显的优势。

中药材从《黄帝内经》记载的 365 味发展至今,已达到 12807 种,中成药方达 5000 余种,丰富的资源和广泛的用途构成了中药的资源优势;同时,历史传统积累了大批中医的忠实使用者,随着人类崇尚自然疗法的心态日益增强和人们对中药认识的加深,中药将显示出强大的传统优势。在疗效方面,中药在预防疾病和治疗慢性病方面优势突出,在人口老龄化和慢性病发病率逐年提升的背景下,中药将发挥不可取代的作用,需求将进一步上升。据统计,40岁以上者,年龄每增大 10 岁,对中药的认可度就提高 8%。近十年,我国疾病谱发生了明显的变化,高血压、糖尿病、心血管疾病、恶性肿瘤等慢性疾病的发病率提升较快,慢性疾病导致 45.9% 的全球疾病负担,中国已达 60% 以上。此外,2015 年,中药利好政策频出,国家加大对中医药发展的支持力度,《中医药健康服务发展规划(2015—2020 年)》和《中药材保护与发展规划(2015—2020 年)》的发布将推动中药行业大发展。

中药产业包括中草药材、中药饮片(中药颗粒)和中成药三大支柱产业。中草药材指在中医指导下应用的原生药材,部分药材具有"药食同源"的特点,可直接用于食品和保健品;中草药材经过按中医药理论、中药炮制方法加工炮制后制成中药饮片,其中,中药饮片颗粒是将中药材进一步提取和浓缩而成的单味颗粒,具有不需煎煮、卫生方便等优点;单味或多味的中药饮片精制后为中成药,包括用中药传统制作方法制成的丸、散、膏、丹等剂型和用现代药物制剂技术制作的中药片剂、针剂、胶囊、口服液等专科用药。在三种加工药品中,中药配方颗粒毛利最高,达到 70% 左右,其次为中成药 50%,传统饮片的毛利最低，约为30%；中成药在中药产业的份额最大，2014年其行业规模占比为77%，其次是中药材和中药配方颗粒，占比分别为21%和2%。

中药饮片是中医体系最早的药物形式，如今依然是中药行业发展速度最快的领域。根据PICO的数据，2007~2013年中药饮片的行业销售规模几乎保持着25%以上的增速，2013年的行业收入达到1259.3亿元；同时，中药饮片企业的数量自2011年不断上升，目前约有981家，企业利润总额也快速增长，2005~2014年的复合增长率达到33.8%。中药配方颗粒行业规模从2010年的14.83亿元扩张到2015年的近82亿元，年均复合增速超过40%，远高于同期中药饮片21%的增速，是医药行业增速最快的子行业之一。

中成药涉及广泛，且具有副作用小、多成分多药效等优点，目前在各专科疾病都得到应用，并且对西药的替代率在逐年上升，2009~2014年中成药销售规模6年复合增长率达10%，而化学药只有9%。根据商务部和欧睿信息咨询的统计，2014年中国中成药的市场规模为2190亿元，年均复合增长率为14%。医院中成药市场药量最大的是心脑血管疾病、抗肿瘤疾病和呼吸系统疾病三大类中成药，在2018年城市公立医院终端，三者的市场份额分别为38%、14%和13%，总和为65%，占据了中成药市场的半壁江山。

中成药在防治心脑血管疾病方面相对于西药的优势比较如图3.3所示。

二、医药行业相关政策变化及影响

医疗行业是高度专业和高度监管的行业，也是典型的政策驱动型行业，因为其高度监管，监管的重大变动就会带来行业格局的深远变化。

（1）上市许可持有人制度。2016年6月，国务院办公厅正式出台了《药品上市许可持有人制度试点方案》，提出推进药品上市许可人制度。上市许可持有人制度是国际社会普遍采用的药品管理制度，我国实行药品/医疗器械上市许可持有人制度后将有效提升药物研发机构、科研人员研发的主动性、积极性和创造性，激发更多的研发机构和科研人员从事创新研发，加快我国由药

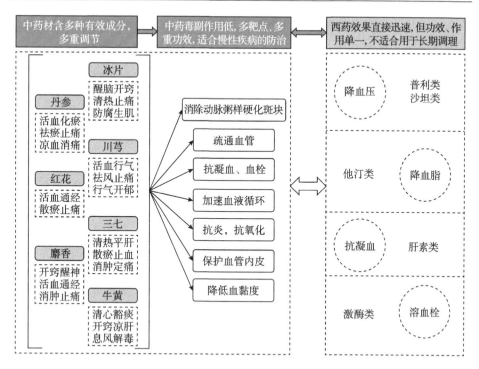

图 3.3 中成药在防治心脑血管疾病方面相对于西药的优势比较

资料来源：中信证券研究部。

品/医疗器械生产大国向创新大国的转变。允许委托生产后，研发机构不必自己投资建厂，委托生产企业生产，避免重复建设、资金浪费和设备闲置等问题，持有人可以迅速形成充足的生产能力，快速占领市场，满足社会需求，避免同一品种多家许可、多家竞争的局面，社会资源得以盘活并充分利用。上市许可持有人制度将鼓励非生产企业将临床前研究、临床试验、生产制造、经销配送、不良反应监测、药物警戒等环节外包给其他企业和单位，促进专业化分工，整个产业链公司都将受益，包括研发、CRO、CMO、生产型企业和经销商。

（2）一致性评价政策。2016 年 2 月，药监局发布《关于开展仿制药质量和疗效一致性评价的意见》，要求：化学药品新注册分类实施（2016 年 3 月 4 日）前批准上市的仿制药，凡未按照与原研药品质量和疗效一致原则审批的，均须开展一致性评价。2018 年底前须完成 289 个基药品种、17740 个批文的评价工作。凡 2007 年 10 月 1 日前批准上市的列入国家基本药物目录（2010 年版）中的化学药品仿制药口服固体制剂，原则上应在 2018 年底前完成一致性评价。

表 3.1　一致性评价涉及的企业和批文数量

时间	药品批文总数（万个）	生产企业数（家）
所有药品	18.9	4000 左右
化学药品	12.2	—
仿制药品	11.6	3500~4000
289 个基药品种	1.77	1859（含 42 家进口药品企业）

根据经验和调研，单个品种通过一致性评价的周期约为 20~28 个月，其中：确定并获得参比制剂需 1~3 个月；开展药学一致性评价需 6~12 个月；开展 BE 试验需 7 个月左右（从 BE 备案至试验终止）；申报受理和审评审批需 6 个月左右。一致性评价实质上是仿制药的大洗牌，率先通过一致性评价，又有产能和成本优势的企业有望率先收割市场份额。

（3）带量采购政策。国家医保局在上海就开展药品联合采购进行试点，从通过质量和疗效一致性评价（含视同）的仿制药中，国家组织开展药品集中采购。第一批带量采购目录，共 33 个品种，包括已有 3 家企业通过一致性评价的蒙脱石散、头孢呋辛酯片等。北京、上海、天津、重庆、沈阳、大连、广州、深圳、厦门、成都、西安 11 个城市成为此次的采购地区。按照"国家组织、联盟采购、平台操作"，以联盟地区公立医疗机构为集中采购主体的带量采购。

试点方案中体现了"不分质量层次，唯一中标，70% 市场份额"的思路。根据方案，将拿出试点城市 60%~70% 的市场份额给中标企业，剩余用量 30%~40%，各医疗机构仍可采购省级药品集中采购的其他中标、挂网品种。

也就是说，其他企业只能分享剩余 30%~40% 的份额。本次国家医保局主导的带量采购，把 11 个城市公立医院 70% 的市场拿出来，市场份额非常大，其目的就是通过"以量换价"的方式，推动药价下降。

方案明确，优先采购国家带量集采中标品种，确保 1 年内完成合同用量。各地药品采购管理部门负责督导医疗机构按量签订购销合同；卫生健康部门监测并定期考核通报医疗机构的实际使用情况；企业自主选定配送商，按照协议报库存备货，不能保证质量和供应协议量的，对生产企业做出严重的处罚。在回款方面，确保医疗机构及时回款，医保基金在总额预算的基础上，按不低于采购金额 30% 的标准提前预付医疗机构用于给生产企业付款。这为此前药品招标中，药企屡屡遇到招而不采、回款慢的问题提供了明确的解决方案，同时也给中标企业带来很大的信心。根据方案，以带量集采中标的价格作为该产品通用名医保支付标准（统一支付标准）。原研药和仿制药价差大的产品，给予 2~3 年过渡期，逐步实现医保支付价格趋同。方案明确，原研药和本轮带量采购的中标价格相差过大的，需大幅调整价格，如果价差达 3~4 倍，原研药必须降价。这个要求，将极大挤占原研药的市场。采购方式分为三种：入围企业 3 家及以上的，采取招标采购的方式；入围企业 2 家的，采取议价采购的方式；入围企业只有 1 家的，采取谈判采购的方式。

由于医保基金支出压力较大，降价是医药行业持续的压力。2018 年 3 月，政府大部门制改革，国家医保局成立，整合了城镇职工医保、城镇居民医保（此前由人力资源和社会保障部管理）、新农合医保（此前由原国家卫生和计划生育委员会管理），实现了三保合一；取代原卫生和计划生育委员会，负责制定药品和医疗耗材的招标采购政策并监督实施；接管了原来国家发展改革委和物价局的药品和医疗服务价格管理职责。

国家医保局的成立，使中国医疗体系出现了超级支付方。之前，医保基金分散在不同部门，管医保的人社部管不了药价和药品采购，药价由国家发展改革委和物价局负责，招标采购由原卫计委督办。国家医保局这个超级支付方出现后，未来降价政策只会更坚决，推行的可能性也更大。

带量采购和一致性评价，实质上就是倒逼国内企业去提升产品质量，努力让仿制药通过一致性评价，证明具备与原研药品一样的疗效，再倒逼原研药品和国产仿制药一起降价。长期来看，仿制药一定会从差异化的产品变成同质化的普药，原来需要商务推广和学术营销来营造品牌形象，以后主要拼质量和价格，归根结底是拼生产能力、规模优势和成本控制。品牌仿制药25%～30%的净利率将在远期跟欧美市场仿制药企业10%的扣非净利率逐步接轨。但这一切的前提是有较多品种、较多企业能够通过一致性评价。

仿制药普药化，原研和品牌仿制药利润率大幅下滑。市场份额向龙头企业集中，因为龙头企业能推进的品种多、产能大、成本控制较好。原料药企业由于原料制剂一体化，将在一致性评价中有优势，加快其向仿制药成品药转型的节奏。这也是华海药业能在一致性评价中获得最多批文的原因。

三、创新药与仿制药

医药行业政策的变化，导致对医药企业的并购估值可以逐步简化为创新药估值、仿制药估值和在研管线产品的估值。通过对比国外医药企业毛利率和净利率可以看出，专利药生产企业毛利率和净利率分别在80%和25%以上，而一些仿制药企业仅能分别达到40%和10%左右，明显低于专利药生产企业。

从研发难易程度和技术含量而言，专利药的研发难度更大，技术含量也较高，产品的附加值较大，因此在医药行业之中，专利药生产企业的盈利能力要高于仿制药生产企业。

1. 创新药（专利）药

专利药指的原创性新药。它研制过程包括药物分子筛选、临床前研究、临床试验（Ⅰ期、Ⅱ期、Ⅲ期）、新药申请（NDA）等阶段，历时10～15年，最终从数以万计的分子中筛选出药物。在前述各阶段中，专利药物的生产厂商一般都会围绕药物的分子结构、制备工艺、剂型等申请一系列专利保护，以实现专利期内市场的独占性，这些药品只能由拥有这些专利的公司生产或由其委托其他企业生产。专利药的生产、销售、价格调整等市场行为因而具有很强的垄断性，具有较大的利润空间。生物药研发时间及商业化成本如图3.4所示。

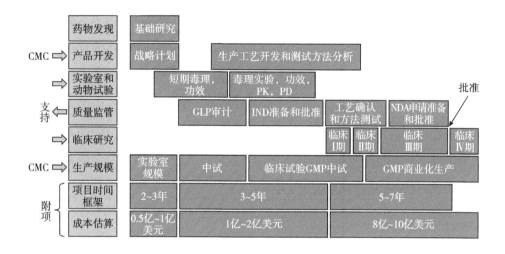

图3.4　生物药研发时间及商业化成本

资料来源：西南证券整理。

创新药生产企业通过招聘众多药学、化学、生物学和医学等领域的专业人才，组建起研发团队，通过大量研发资金投入，针对某种疾病研制出分子结构新颖、靶点独特、疗效显著的药物，并利用专利保护等途径获得垄断收益。这种模式需要大量资金投入和优秀的研发团队，一般为经营历史较长并具有一定实力的欧美地区跨国医药企业所采用。美国医药研究与制造商协会成员企业的总研发投入从2001年的297亿美元提高到2015年的588亿美元，在此期间成员企业平均每年批准上市的新药有27个。由于在专利期内具有垄断的经营权，因此成员企业往往能够获得巨额利润。通常将年销售额超过10亿美元的药物称作"重磅炸弹药物"。这些药物往往能够在创新药研发企业的销售收入中占据较大的比例，成为企业利润的重要来源。

此外，医药企业也采用跟随式研发，这种研发模式在一些国际大型医药企业和国内部分研发实力较强的医药企业中都有运用。该类药物的研究大都以现有的药物作为先导化合物，力争找到不受专利保护的具有相似结构的分子，有时可能得到比原有药物活性更好或不良反应更少的药物。这种研发模式既拥有了自主知识产权，同时由于已知药物的靶点、作用机制和筛选模型，具有投入少、成功率高、风险低、产出多和研发周期短的优点，是开发创新药物的捷径。但是由于这类药物作用机制和适应症与原研药物差别不大，若干年后如果原研药专利到期，也会受到相应仿制药的冲击，容易陷入激烈的市场竞争之中，收益也会受到影响。通过借鉴先进的新药研发经验，完成 Me-Too 药物的研发，是企业发展模式从仿制药生产向全新靶点创新药研发的重要途径。部分已上市 Me-Better 药物列在表 3.2 中。

表 3.2　部分已上市 Me-Better 药物

新药 Me-Better 药物	适应症	生产公司
洛伐他汀	高胆固醇血症	默克
辛伐他汀		默克
阿托伐他汀		辉瑞
西咪替丁	消化道溃疡	葛兰素史克
雷尼替丁		葛兰素史克
法莫替丁		山之内制药
塞来昔布	骨关节炎疼痛	辉瑞
帕瑞昔布		辉瑞
艾瑞昔布		恒瑞医药
吉非替尼	非小细胞肺癌	阿斯利康
厄洛替尼		罗氏
埃克替尼		贝达药业

2. 仿制药

仿制药是指专利药物（原研药）的专利保护到期后原研药企之外的企业

生产出的药品，又称非专利药或通用名药。FDA 规定，仿制药的剂型、剂量、安全性、服用方式、质量、性能特征和用途方法都应当和原研药相当。根据我国食品药品监督管理局于 2007 年出台的《药品注册管理办法》的规定，仿制药应在五个方面与原研药达到一致，即活性成分、给药途径、剂型、规格、治疗作用。由于无须进行化合物筛选、临床试验等过程，省去了大量研发费用，因此仿制药的成本远低于原研药，生产厂商可以采取低价竞争的策略，仿制药的上市将给原研药的销售额带来较大的冲击。

我国大部分医药企业采用的是仿制模式。仿制的目标为专利即将到期的药物或者已经到期的药物。对于仿制药研发企业，一种重要的盈利模式就是在专利药品的专利保护到期之后，首先将自己的产品推向市场，利用较低的定价去挤占原研药的市场份额。1984 年，美国国会通过了《Hatch－Waxman 法案》（《药品价格竞争及专利回复法》），该法案创造了仿制药的现代审批体系。在这个新的审批体系下，仿制药研发厂家不需要重复原研药厂已进行的有几百到几千例病人参与的临床安全性和有效性试验，取而代之，仿制药生产厂家仅需要证明仿制药与参比试剂具有生物等效性，并通过制剂生产车间的 GMP 审查等流程，就能够将仿制药推向市场，这使仿制药申请的过程更为简化。同时为了鼓励企业对仿制药的研发加强投入，仿制药生产企业可以进行"专利挑战"，在"专利无效或者批准正在申请的药物不会侵犯专利"的情况下其产品可以获得 180 天的独占期，在第一时间抢占仿制药市场，首家仿制药一般能够以原研药约 50%～80% 的价格销售，为仿制药企业创造丰厚的利润。

在我国也有类似鼓励仿制药研发的政策。2007 年版的《药品注册管理办法》规定，生产已在国外上市销售但尚未在国内上市销售的制剂及其原料药，或改变该制剂的剂型，但不改变给药途径的制剂，可以获得 4 年的新药监测期，监测期自新药批准生产之日起计算，在此期间，国家食品药品监督管理总局不批准其他企业生产、改变剂型和进口。该政策相当于赋予了企业产品一段时间的市场独占权。如果药物进行临床试验时和申报上市前，原研药进入国内市场，医药企业也可以按照 6 类药物进行上市申报，虽然失去了新药监测期，但由于其产品能够先于其他厂家进入市场，因此也能够获得较好的利润。因此医药企业往往积极进行首仿药物的研发，期望能够成为首个上市的品种，抢占市场份额。

与原研药相比，仿制药的价格要低廉许多。为了控制卫生费用支出的不断增长，世界各国特别是发达国家纷纷出台政策大力扶持仿制药的开发和使用，包括鼓励医保等加大对仿制药使用的支付力度，强化公众对于仿制药的正确认知等，这些措施推动了全球仿制药市场规模不断扩大。

以美国和日本为例。美国仿制药的处方份额逐年上升，据统计，从 2004 年的 57%上升到了 2013 年的 86%。根据美国仿制药协会的统计，2014 年，由于仿制药对于专利药物的替代，美国当年节约医药费用 2540 亿美元，极大地减轻了患者和医保体系的负担。日本于 2007 年推出了类似的政策，称为"促进仿制药使用行动规划"，从保证产品稳定供应、提高产品质量、提供透明足够的产品信息和在医保支付政策上提供鼓励（如对使用积极使用仿制药的医疗机构给予额外医保费用）等方面着手，旨在提高仿制药的使用比例。通过努力，日本的仿制药市场占比有了大幅提升，以处方量来计算，占比从 2007 年的 17.2%提高到 2012 年的 25.8%。我国目前正在积极进行仿制药一致性评价，随着仿制药一致性评价的逐步推进和完成，我国的仿制药质量将会有较大幅提升，能够与原研药品的质量与疗效达到一致，仿制药在与原研药的竞争中将更加具有竞争力，加速对原研药替代的过程。

在未来，我国的老龄化进程还将持续，不可避免地将带来医保支出的不断增加，如果能够利用仿制药实现对原研药的替代，就可以极大减轻医保的支付压力。

我国在 2016 年推出的一致性评价政策和 2017 年推出的带量集采购政策，就是降低医保费用，推广仿制药特别是高质量仿制药的使用。对于我国的仿制药企业，不仅拥有着国内的巨大市场，同时也可以通过制剂产品出口去抢占海外市场，我国的仿制药行业仍然处于成长阶段。

创新药研发需要大量资本、技术和人力资源的投入，一般来讲，新药的研发针对的都是全新的靶点或具有全新的分子结构，如果临床效果远优于之前药物，往往会颠覆以往的临床治疗方法，企业可以获利丰厚。另外，新药研发有着众多的风险，比如，临床试验遭遇失败、上市后由于毒副作用被迫退市等，创新药物的研发在收益和技术上具有较大的不确定性。

对于小型医药研发企业，在研发项目的早期，企业往往没有或者只有少量的营业收入，由于需要将大量的资金投入到新药研发中，因此公司往往处于亏损状态。以百济神州为例，该公司在 2014~2015 年净利润均为负值。同时为了维持企业现金流，企业往往需要大量的融资。百济生物于 2015 年进行了总额为 9700 万美元的 B 轮融资，目前该公司的产品均处于临床研究和临床前研究阶段，还没有已经上市的药物，属于典型的初创型公司。但新药如果能够研发成功并上市，企业的收入和利润往往会出现爆发式增长。以贝达药业为例，该公司治疗非小细胞肺癌的 1.1 类新药盐酸埃克替尼于 2011 年上市，成为公司营业收入的主要来源。由于临床疗效和价格上的优势，再加上肺癌用药市场规模较大，因此公司的营业收入和净利润出现了快速增长。2011~2015 年，营业收入和净利润的复合增速分别为 95% 和 107%。由此可以看出，创新药生产企业在不同的经营阶段分别具有初创型和成长型企业的特征，随着新药的不断推出，行业整体上处于成长期。

综上所述，对于医药企业的并购估值，可以逐步简化为创新药估值、仿制药估值和在研管线产品的估值三部分。

第二节　我国医药产业并购现状

由于医药行业具有商业和公益的属性，以及消费环境的特殊性，使其市场特性受制约的因素复杂。各国政府对医药行业均有较为严格的管制，相关政策的颁布实施和价格管制对于各细分子行业的成本、利润等都有着很大的影响，直接影响其未来的前景。

并购重组有利于对混乱的产业结构进行调整，减少盲目发展，避免不必要的竞争。我国医药行业为了应对竞争压力，以市场资源、品种资源、企业资源为目的的并购持续发生，如东盛科技并购盖天力等。通过并购，产业的集中度进一步提高，有利于企业朝垄断化的方向发展，但面对全球化的国际竞争，我国医药企业应该通过战略性的并购重组，调整产品结构甚至产业结构。在我国医药行业的并购中，管理层收购和混合所有制改革同样影响着管理激励机制，成为提高管理层工作积极性和企业经营效益，解决所有者缺位和内部人控制等问题的一条途径。

战略对一个企业的发展至关重要，主并企业在并购中必须制定正确的目标企业选择战略。具体到制药企业，并购战略主要可分为三类：产品导向型、营销导向型和规模导向型。通过对医药产品的并购，可以与自身产品形成互补，拓宽产品生命线。从国际制药经济发展来看，制药企业并购是制药经济全球化的必然趋势，世界排名前列的跨国制药公司大多进行了不同规模的兼并重组，从而形成了葛兰素—史克必成、辉瑞—华纳兰博特、赫斯特—罗纳、阿斯特拉—捷利康等一批超大规模的制药企业。这些企业并购的核心便是新产品，可以说新药是制药企业利润的最重要源泉，中国制药企业也不例外。除了产品，并购对象的新药研发能力、研发团队或研发平台，也往往是并购者十分看重的。通过并购具有一定销售网络的制药企业，并购者可快速完善自身的销售体系，提高销售水平。为了增强企业的抗风险能力，降低生产成本，企业往往通过兼并业务类似的企业扩大规模，即横向并购。为了降低与上下游的交易成本，或实现原料药的前端控制和销售终端控制，制药企业往往采取前后一体化的并购策略，即纵向并购。

医药企业可以分为商业企业和制造企业。据中国医药商业协会统计，相比于美国的 95%，我国医药商业企业排名前三的企业（国药、上海医药、九州通医药）销售总额仅占市场的 20%。全国医药流通行业五年发展规划指出，为了培养出规模大、集约性强的大型企业，要大力支持本行业内的并购、参股和控股。

随着我国资本市场逐步完善，我国医药行业得到快速发展，医药行业整体增幅平均每年达到 24%，医药企业实力增强，一些大型医药企业通过一系列的并购重组，不仅扩展了企业的规模，也提高了其产品在整个行业的集中度。中国药品市场整体呈现高速扩容的原因，一方面是人口老龄化刺激潜在需求增加，另一方面是居民购买力随着经济的发展有所提高。

《医药经济报》曾预测，到 21 世纪中叶，全球大型制药企业前 70 将通过合并减少至 15 家，医药产业的集中度将会更高，包括中国市场在内的全球医药市场将得到进一步整合与控制。

国外医药行业开始大规模并购大约是在 20 世纪 90 年代后，以美国医药制造工业为代表，经历了起步、规模生产、技术领先、规模扩张四个阶段。从国外的医药巨头的发展史来看，美国的强生、法国的赛诺菲、英国的葛兰素、瑞士的罗氏制药等是一路并购过来的。

2008 年全球金融危机后，国际市场的医药巨头纷纷进行整合，而整合方式主要是企业间的并购重组。相对而言，国内医药行业并购发生较晚，从规模和连续性来看，以医药上市公司并购为主。

2009 年，我国开始实施医疗改革新政，国家发布了不止 30 项医药政策，仅 2010 年的重大政策就有 15 条。2011 年出台新版 GMP（《药品生产管理规范》）和药品安全"'十二五'规划"，2012 年深入推进新版 GMP、《抗菌药物临床应用管理办法》、"一致性评价"、"两票制"等。另外，为了提高产业集中度，医药工业企业的"十二五"也明确了关于并购的要求，最终使前百位药企的收入占比该行业的一半以上。在医疗改革政策的驱动下，以实现协同效应的并购得以快速发展。从 2009 年起，医药行业并购发展迅猛，资本充足的企业在全国范围攻城略地。在宏观经济环境和政策利好的双重推动下，并购也成为医药行业摆脱规模小而混乱的现状，逐渐向集约化发展的一种助推力。

一、医药行业并购逻辑

从医药行业的战略发展角度来看，内生性增长以企业的自我研发为主，外生性增长则以并购为主；从行业内部、企业内部和外部环境等方面来看，医药企业重组并购热潮的到来，是行业发展的必然产物。

医药企业并购重组可提高行业集中度，让企业规模变大，整体实力变强，是我国医药产业战略发展的最优选择。南方所统计数据显示，我国药厂数量为4516家，为美国药厂数量的5倍，而中国药品市场规模仅为美国市场的1/3。中国药厂拥有的批文均以仿制药3类和6类批文为主。这些都充分显示我国医药企业低水平同质化竞争明显。因此，中国医药企业要做大做强，就亟须提高行业集中度来减少和避免低水平同质化竞争。毫无疑问，医药企业重组并购是减少同质化企业竞争的最直接和最便捷的方法，也是未来医药行业提高行业集中度的最佳选择。

从国资国有企业改革过程中资产整合的角度来看，混合所有制制度变革下的资产整合机会，以中国医药集团为例，国药控股正在推行股权激励试点，并计划下一步开展混合所有制改革。自从中国医药集团获取中国生物和上海医药工院的控股权以来，内部重组整合一直在紧锣密鼓地进行。从公司战略规划来看，公司形成以中国生物控股的天坛生物为生物制药平台，国药控股为医药商业平台，现代制药为化学药平台，中国中药为中药平台的医药产业群。中国医药集团架构如图3.5所示。

从传统民营企业的战略转型来看，着眼新兴产业转型及并购对其未来的战略布局也至关重要。相比于大手笔的国有企业重组并购，民营医药企业更注重效率和收益，较多地进行精细化的并购。我们从民营医药企业并购案例来看，民营医药企业注重效率和收益表现在看重有潜力的新品种。从上市公司并购公

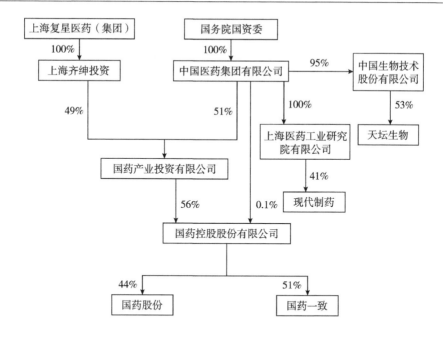

图 3.5 中国医药集团架构

资料来源：中信建投证券研发部。

告可以看出，民营医药企业相中的收购标的中，有许多较具潜力的品种，如浙江福韦的抗病毒药阿德福韦酯（安科生物收购）、南诏药业的肿瘤辅助药物科博钛注射药（益佰制药收购）和正鑫药业的结石清胶囊（贵州百灵收购）等。民营医药企业乐于尝试新业务的收购。新兴子行业业务有较多风险，国有企业管理层从各个方面考虑，较少地参与新兴业务的收购。而民营医药企业体制灵活多样且转型成本低，因此敢于较多地涉足新兴业务收购。

医药企业的重组并购是其业务发展的内在需求。集团企业的重组并购一方面可充分发挥企业规模效应，大幅提升收入和降低成本，以期达到增强企业竞争力的目的；另一方面可促进内部资源优势互补，提升集团内部研发和营销能力，为集团公司未来快速发展奠定基础。

从研发的角度来看，医药行业具有周期长、投入大等特点，由此造成的巨大风险是大部分中小型制药企业难以承担的。通过并购，企业可以增强新产品开发能力、保持领先优势，还可以节约资源、降低研发项目风险。从外部效应来说，并购可以使企业扩大规模，快速进入新的领域；还可以使企业有效配置资源，避免重复研发和生产，合理调整产品结构，扩展跨国市场经营网络，增强企业在国际市场的竞争力。并购也有利于医药企业拓宽主营业务范围和种类。对于制药企业来说，过于单一的产品结构难以适应现阶段复杂多变的经营环境，谋求主营业务多元化，丰富产品种类，降低经营风险是行之有效的战略导向。

医药行业政策的强制性标准和认证也促进了行业内的重组并购。国内众多中小医药企业均未通过新版 GMP、美国 FDA 和欧洲 COS 等强制认证标准等，仍在非规范生长状态。盈利情况不佳的中小医药企业无力进行工艺和车间改造以适应此类强制性标准和认证的要求，这就为行业内大型医药企业并购中小企业提供了绝佳的机会。对于被收购的中小型企业来说，不仅获得了资金支持，还获得了市场渠道和销售机会。

除了上述并购动因，随着我国医药行业逐步发展完善，更多的企业从普药、仿制药开始向专利药过渡，一部分大型医药企业的并购也围绕技术并购展开，一些龙头企业如华润医药、上海医药和复星医药等纷纷转向基于技术的并购，获取研发能力和创新药物。总之，医药行业并购重组除了产业整合升级，也推动了技术资源的有效利用。

二、并购谈判博弈与估值调整

医药企业的并购过程是一个复杂的流程，涉及多个方面和反复的谈判，尤其是并购估值方面，涉及对未来收益的预测会有很大的不确定性，因此双方的分歧也会比较大，需要一个合理的区间或双方都认同的执行标准来根据实际运行情况确定，就催生了估值调整协议的博弈方式。

1. 并购谈判流程

在医药企业的并购过程是多次接触反复谈判的过程，先梳理一下企业并购的基本流程：根据企业战略规划明确并购动机与目的，然后通过第三方财产顾问或投行确定并购目标，并与目标公司股东接洽签订意向书，聘请第三方法律、税务、财务审计顾问开展尽职调查，结合实际情况制订并购后对目标公司的整合计划，与标的公司股东进行反复谈判和确定对赌协议，达成最终的签约和成交。

从企业并购的执行步骤来看，可以分为战略决策、并购准备、并购实施和并购后整合四个阶段。

战略决策阶段需要明确并购动机和目的，企业并购的动机一般不外乎扩大市场份额、排挤竞争对手、提高利润率、分散投资风险、获取品牌和销售渠道等，在医药行业并购中，对并购标的的专利药品和在研管线的并购是重要的衡量标准；同时要根据企业的并购动机，对相关市场进行关注和调查，了解类似产品的销售、竞争、竞争对手以及可供收购的对象。

并购准备阶段需要锁定目标，比较本企业和标的企业的优劣势，优化配置创新资源，发挥互补效应，进一步了解并购标的企业的经营、盈利、出售动机，以及竞购形势和竞购对手情况。同时成立内部并购小组，选择财务顾问或专业人员，以保障快速应变和决策及对外联络的畅通。在谈判过程中需确定收购方式，是股权收购还是资产收购，是整体收购还是部分收购。同时，还要确保并购资金来源的可靠性。签订并购意向书，包括并购意向、非正式报价、保密义务和排他性等条款，意向书一般不具有法律效力，但保密条款具有法律效力。

并购实施阶段需要在开展尽职调查的基础上，对并购标的资产进行初步评估，包括行业市场、标的公司的营业收入、债务和盈利数据、对收购后的设想和预期值、资金来源和证监会过会的可能性等。尽职调查的深度和信息的可靠性，对并购估值的影响巨大，需要从财务、市场、经营、环保、法律、IT、税务和人力资源等方面对标的公司进行深度调研，其中对各个环节的数据逻辑和商业逻辑要有理性判断。将尽职调查结果加入最终评估报告，制定对目标企业并购后的业务整合计划书,包括对目标公司并购后的股权结构、投资规模、经营方针、融资方式、人员安排、批准手续等。业务整合计划书是赢得政府担保和商业银行贷款的关键因素。并购双方就并购的分歧方面,进行反复谈判和确定对赌部分条款以促成谈判合同签约,如果涉及海外标的公司并购,签署后的合同还将根据中国和外国的相关法律进行公证或审批,有些并购项目还需要外国或国际组织反垄断机构的审批。在资产移交方面,并购合同应对资产移交手续有明确的规定,并购方一般先将合同款项汇入监管账户,待全部资产和文件经清点和核准无误后,方通知监管机构付款,同时将资产转移到并购方名下。

并购后整合阶段是产生协同效应的关键,能否达到预期目标,两家企业的整合至关重要,包括经营目标协调一致、产品互补、销售渠道共享、管理层激励、财务和纳税系统协调、统一 IT 信息系统、企业文化的认同与交流。

2. 并购谈判博弈的主要内容及焦点问题

并购交易谈判的焦点问题是并购的价格和并购条件,包括并购的总价格、支付方式、支付期限、交易保护、损害赔偿、并购后的人事安排、税负等。双方通过谈判就主要方面取得一致意见后,一般会签订一份《并购意向书》(或称《备忘录》)。《并购意向书》大致包含以下内容:并购方式、并购价格、是否需要卖方股东会批准、卖方希望买方采用的支付方式、是否需要政府的行政许可、并购履行的主要条件等。双方还会在《并购意向书》中约定该意向书的效力,可能会包括如下条款:排他协商条款(未经买方同意,卖方不得与第三方再行协商并购事项)、提供资料及信息条款(买方要求卖方进一步提供相关信息资料,卖方要求买方合理使用其所提供资料)、保密条款(并购的任何一方不得公开与并购事项相关的信息)、锁定条款(买方按照约定价格购买目标公司的部分股份、资产,以保证目标公司继续与收购公司谈判)、费用分担条款(并购成功或者不成功所引起的费用的分担方式)、终止条款(意向书失效的条件)。

并购协议的谈判是一个漫长的过程,通常是收购方的律师在双方谈判的基础上拿出一套协议草案，然后双方律师在此基础上经过多次磋商、反复修改，最后才能定稿。并购协议包括并购价款和支付方式、陈述与保证条款（陈述与保证条款通常是并购合同中的最长条款，该条款是约束目标公司的条款，目标公司应保证有关的公司文件、会计账册、营业与资产状况的报表与资料的真实性）、合同生效条件、交割条件和支付条件、并购合同的履行条件、资产交割的步骤和程序、违约赔偿条款、税负、并购费用等其他条款。

在并购谈判过程中，除了估值相关的谈判，还会涉及控制权、流动性、协同效应、支付方式等要素。对控制权的争夺，是股份制公司治理的核心所在，包括董事会席位、监事会席位、财务监管、总经理人选等多个方面。缺少流动性的非上市公司股权在转换为现金方面能力稍差，因此较之上市公司的股票存在折价，但折价幅度和比例是谈判的关键，特别是在换股并购的交易方案中更是谈判重点。并购能使买方获得协同效应，对协同效应的评估和衡量，也是买方能够给予标的估值的上限。上市公司通过股份的方式支付，相比于现金支付，对目标企业的定价更容易偏高，尤其是在上市公司自身估值偏高的情况下，所以在支付方式、支付时间等方面的谈判也非常重要。

3. 企业并购谈判中的策略及落地

并购谈判过程一般包括三个方面的内容，即申明价值、创造价值、克服障碍，其中价值创造是核心的内容。申明价值是指在谈判的初级阶段，谈判双方通过充分沟通表达各自利益诉求，能够满足对方需求的核心能力和优势，表现为《并购意向书》的签订。创造价值是指在谈判的中级阶段，利益焦点已经基本明晰，双方的争执也随之出现，为了将谈判引向深入，双方都进入价值创造阶段，通过发现并组合交易方案，使双方的利益和诉求都能够得到照顾和呼应，也就是双方对协同效应的挖掘。克服障碍是谈判双方基本达成交易意向，还有一些利益争议尚未完全得到平衡，这时候就需要估值调整协议根据实际情况确定最终估值和平衡双方分歧。

一个审慎的并购协议履行期间一般分三个阶段：合同生效后，买方支付一定比例的对价；在约定的期限内卖方交割转让资产或股权后，买方再支付一定比例的对价；卖方按照约定达成业绩承诺或对赌承诺后，卖方在一定期限内支付最后一笔尾款，尾款支付结束后，并购合同才算真正履行。

4. 关于对赌协议的谈判

对标的公司并购后的发展预测是比较困难的，并购双方由于各自利益不同会存在大量分歧，特别是并购标的的估值方面，而双方又希望促成并购合作，在此基础上引入估值的调整机制，是控制并购风险的有效方法。这种对赌机制可以解决交易双方的信息不对称与估值定价问题，并且对企业原股东和管理层并购后的经营行为产生有效约束。

对以收益法作价收购关联方的标的资产，《上市公司重组管理办法》要求以盈利预测承诺及补偿的方式实现这一调整。主要表现为：

盈利承诺：《上市公司重大资产重组管理办法》第三十五条规定：采取收益现值法、假设开发法等基于未来收益预期的方法对拟购买资产进行评估或者估值并作为定价参考依据的，上市公司应当在重大资产重组实施完毕后 3 年内的年度报告中单独披露相关资产的实际盈利数与利润预测数的差异情况，并由会计师事务所对此出具专项审核意见。根据上述规定，在上市公司采用收益现值法、假设开发法等基于未来收益预期的方法对标的进行定价时，除非交易对方是非关联方且交易未导致上市公司控制权发生变化，否则都需要设置盈利承诺。

盈利补偿：在盈利承诺期内任一会计年度，如标的公司截至当期期末，当期实际净利润数小于当期承诺净利润数，由交易对方以股份方式向上市公司进行补偿。计算公式如下：当年应补偿的股份数量＝（截至当期期末累积承诺净利润数−截至当期期末累积实际净利润数）÷盈利承诺期内各年的承诺净利润数总和×本次交易总对价÷本次发行价格−已补偿股份数。如按以上方式计算的当年应补偿股份数量大于交易对方因本次交易取得的届时尚未出售的股份数量时，差额部分由交易对方以现金补偿。以上所补偿的股份由上市公司以 1 元总价回购后注销。

补偿金额的调整：如发生不能预见、不能避免、不能克服的任何客观事实，包括但不限于地震、台风、洪水、火灾或其他天灾等自然灾害，战争、骚乱等社会性事件，以及全球性的重大金融危机，导致利润补偿期间内标的公司实际实现的扣除非经常性损益后归属于母公司所有者的净利润数小于标的公司股东承诺的标的公司相应年度净利润数，经各方协商一致，可以书面形式对约定的补偿金额予以调整。

双向激励：为了充分激励标的对方，或者有时为了平衡交易估值的需要，可能出现类似业绩奖励或估值调整等条款，一般也被称为双向对赌。这种情况一般设置为在标的方超额完成业绩承诺指标或者在业绩承诺期结束后仍然能够完成业绩指标时，部分交易出于税负等的考虑，也可能采用估值调整的方式，即在承诺期内约定一定的超额利润指标，标的方实际业绩达到后即上调交易估值，上调的估值由上市公司后续以现金方式支付给标的方股东。业绩奖励安排应基于标的资产实际盈利数大于预测数的超额部分，奖励总额不应超过其超额业绩部分的100%，且不超过其交易作价的20%。双向对赌总体上在上市公司第三方并购交易中出现并不普遍，但在实践运用与审核中无障碍，上市公司可根据实际情况选用。

在并购交易中的对赌谈判，除了与上述有重要关系的业绩补偿机制谈判，还包含股份锁定期、债务承诺、高管同业禁止、上市期限等多个方面。

三、目前使用的并购估值方法

上市公司并购重组估值定价90%以上参考资产评估机构出具的资产评估报告，资产评估机构估值标准对上市公司并购估值具有强制指导意义。2018年10月30日，中国资产评估协会发布修订后的《资产评估执业准则——企业价值》，新标准自2019年1月1日正式实施。在上市公司并购重组中，资产评估机构以为并购重组各方提供中立性市场价值服务为主，为特定交易方提供投资价值参考和资产尽职调查为辅，并结合实际情况为上市公司提供全面的估值服务体系，为资本市场参与者提供更多的价值评价视角和参照。

1. 相关并购重组估值的法规

根据《中华人民共和国公司法》和中国证券监督管理委员会令第 35 号《上市公司收购管理办法》的规定，公司收购分为股权协议收购和要约收购。在上市公司并购的实务中，协议收购是主要方式，要约收购相对较少。在协议收购和挂牌交易时，按照国资委第 12 号文《企业国有资产评估管理暂行办法》的规定，产权转让和资产转让、置换应当对相关资产进行评估。国资委、财政部第 3 号文《企业国有产权转让管理暂行办法》第四条规定，企业国有产权转让应当在依法设立的产权交易机构中公开进行，不受地区、行业、出资或者隶属关系的限制。第五条规定，企业国有产权转让可以采取拍卖、招投标、协议转让以及国家法律、行政法规规定的其他方式进行。

通过定向增发即非公开发行，已经成为上市公司并购的重要手段和助推器。这里包括三种情形：一是投资人欲成为上市公司战略股东，甚至成为控股股东的，通过定向增发新股、定向回购老股，引发控制权变更。二是通过私募融资后去并购其他企业，迅速扩大规模，提高盈利能力。三是向原控股股东增发，达到减少关联交易和同业竞争、扩大规模、完善产业链的作用。按国资委的有关规定，国有上市公司应对定向增发涉及的资产进行评估，从出售方的角度，由于企业采用历史成本记账，企业价值可能远远高于账面价值，更希望选用评估值为作价依据。而证监会要求定向增发涉及的资产必须构成完整的经营实体，因此，这类业务往往需要对涉及资产进行企业价值评估。上市公司并购重组的方式还包括股份回购、吸收合并、以股抵债、分拆上市、评估司法鉴定等，涉及企业估值问题，按照证监会、财政部、国资委等主管部门的要求或市场的需求，也要求评估机构结合具体情况提供企业价值评估，供公司决策使用。

在涉及跨国医药企业的并购项目时，需要根据《国际评估准则》估值。《国际评估准则》是目前最具影响力的国际性评估专业准则，由国际评估准则委员会制定。国际评估准则委员会于 2000 年正式制定了《指南 4——无形资产评估指南》和《指南6——企业价值评估指南》。《指南6——企业价值评估》（以下简称指南6）主要借鉴了美国企业价值评估的理论成果，成为当前最具有国际性的企业价值评估准则。指南6明确指出多数企业价值评估的目的是评估企业的市场价值，提出了企业价值评估的概念，同时指出企业价值评估主要有资产基础法、收益法和市场法三种评估方法。

2008年4月发布的《上市公司重大资产重组管理办法》等，对资产评估行为也作出了规定。特别是《上市公司重大资产重组管理办法》对上市公司并购重组中的资产评估事项作出了详细规定。例如，第十八条规定，重大资产重组中相关资产以资产评估结果作为定价依据的，资产评估机构原则上应当采取两种以上评估方法进行评估。上市公司董事会应当对评估机构的独立性、评估假设前提的合理性、评估方法与评估目的的相关性以及评估定价的公允性发表明确意见。上市公司独立董事应当对评估机构的独立性、评估假设前提的合理性和评估定价的公允性发表独立意见。第三十三条规定，资产评估机构采取收益现值法、假设开发法等基于未来收益预期的估值方法对拟购买资产进行评估并作为定价参考依据的，上市公司应当在重大资产重组实施完毕后3年内的年度报告中单独披露相关资产的实际盈利数与评估报告中利润预测数的差异情况，并由会计师事务所对此出具专项审核意见；交易对方应当与上市公司就相关资产实际盈利数不足利润预测数的情况签订明确可行的补偿协议。第五十四条规定，重大资产重组实施完毕后，凡不属于上市公司管理层事前无法获知且事后无法控制的原因，上市公司或者购买资产实现的利润未达到盈利预测报告或者资产评估报告预测金额的80%，或者实际运营情况与重大资产重组报告书中管理层讨论与分析部分存在较大差距的，上市公司的董事长、总经理以及对此承担相应责任的会计师事务所、财务顾问、资产评估机构及其从业人员应当在上市公司披露年度报告的同时，在同一报刊上作出解释，并向投资者公开道歉；实现利润未达到预测金额50%的，可以对上市公司、相关机构及其责任人员采取监管谈话、出具警示函、责令定期报告等监管措施。

证监会于 2008 年 6 月出台的《上市公司并购重组财务顾问业务管理办法》第二十四条规定，财务顾问对上市公司并购重组活动，包括涉及上市公司收购、涉及对上市公司进行要约收购、涉及上市公司重大资产重组、涉及上市公司发行股份购买资产、涉及上市公司合并、涉及上市公司回购本公司股份等必须进行尽职调查应当重点关注包括估值分析、定价模式等问题，并在专业意见中进行分析和说明。

2. 国内医药上市公司并购采用的主要估值方法

根据同花顺和 Wind 数据库统计，2010～2018 年我国医药上市公司中共 108 家上市公司发生资产评估并购交易，其中 74 家披露金额的交易总计达 922 亿美元。在并购交易中并购双方关注的焦点是对目标企业的估值，只有合理估值才能促成双方并购目标的达成，实现资源优化配置。对目标企业价值进行评估是并购估值的基础，并购估值为融资双方提供交易的基准价格，相当多的并购交易直接按照评估值定价。并购估值质量是影响企业并购成功与否的重要因素，已成为并购双方、潜在投资者、政府部门等利益相关者关注的焦点。

我国的并购估值市场经历了起步阶段、粗放发展阶段与逐步成熟三个阶段。根据《资产评估准则》对并购评估方法的规定，每一种评估方法都有不同的假设前提和侧重点，必然会得出不同的估值结果，要根据不同的目的、评估假设、市场情况和收集资料的情况确定。

通行的方法是采用重置成本法进行评估，并运用收益现值法加以验证，评估值取重置成本法得出的结果，但可能仍然存在不能完全反映企业价值的情况。从历年评估结果的选用结果来看，成本法在时间上呈现下降的趋势，而收益法则在波动中逐渐增加。在收益法的参数取值方面，收益法最重要的参数包括未来收益额、折现率。收益预测及折现率选取容易被人为操纵，证监会以及投资者对收益法的担忧也是如此，因此证券监管部门一再出文规范收益法的使用。

从评估时选择的评估方法来看，2006～2011 年医药生物上市公司并购交易评估方法仍是以成本法为主，占比 62.7%；采用收益法的有 18 宗，占比

11.4%；同时使用两种方法的案例共 41 宗，占评估案例总数的 26%，主要使用收益法和资产基础法，最后大都采用了收益法评估结果作为目标公司的交易参考（见表 3.3）。2011~2019 年医药上市公司并购交易评估方法则 95% 以上都为收益法。

表 3.3　评估方法使用　　　　　　　　　单位：宗

年份	成本法	收益法	收益法和成本法	收益法和市场法	总计	成本法	比例（%）	收益法	比例（%）
2006	5		1		6	6	100.0		
2007	9		6		15	10	66.67	5	33.33
2008	10		3		13	10	76.92	3	23.08
2009	4	1	3		8	5	62.50	3	37.50
2010	27	4	5		36	28	77.78	8	22.22
2011	44	13	22	1	80	49	61.25	31	38.75
总计	99	18	40	1	158	108	68.35	50	31.65

从近年的医药行业的并购交易来看，大部分估值选择方法单一，没有采用多种方法来确定评估结果，也没有通过几种方法评估值的算术平均来确定最终估值，这也是本书提出来的核心创新思路之一。

第三节　医药行业并购估值中存在的问题

医药企业的并购是发现价值、创造新价值的过程，通过并购整合产品管线、销售网络等产生协同效应和扩大市场份额，从而提升企业价值。在医药行业并购的高速发展背后，也衍生了不少问题，主要表现如下：

一、协同效应产生的价值增值部分估值问题

在医药企业并购目标选择时，忽视企业战略整合，过度关注短期财务指

标，注重短期二级市场表现及股东减持收益；并购后的企业团队和产品管线难以整合，导致对协同效应所产生的价值增值难以估值。

通过我国医药企业的并购案例可以看出，许多医药企业通过并购实现上下游一体化，或通过并购研发管线的专利药品，或者并购控制区域销售网络实现市场规模扩张，也就是所谓的外延式扩张，也主要集中于产品与市场方面，即并购双方产品线的互补性和市场的互补性。实际上，并购应该是能够给企业带来更多利润或收益的，属于企业战略的一部分。

医药行业研发管线是医药企业并购的重要动因之一，大型医药企业通过自身的资金和销售渠道等优势，并购中小型医药研发企业的专利新药，再以自身的渠道优势提升新药品的市场份额和价值。对于医药企业来说，需要逐步增加研发投入或加快并购步伐来增加产品管线；对于医药上市公司而言，并购有利于其估值优势，开展外延式并购能够更好地促进企业发展。

医药行业的战略并购往往谋求优势互补、资源整合，并购后两家企业的资源整合产生协同效应从而带来价值创新和增值。在实际操作中，价值创新的增值部分的估值，很少有学者涉猎，也很难有明确的方法和指标。在医药行业并购估值中，仅体现了被并购公司现有的资源持续经营给股东创造的价值，也就是目前的股东持有价值，但这仅是并购药企的一部分价值，可以作为转让方股东的底线价值，在对赌估值中应该涵盖未来的协同价值。理论上并购方的最终价格应该接近目标药企的公允市值与协同效应价值之和。

追求协同效应是医药行业并购的核心内容，是并购估值中不能忽略的重要部分。资产评估协会出台的企业价值评估准则，尚未将协同效应价值的评估给出指导，也没有提出一个评估协同效应价值的评估准则。在实际的医药企业并购估值实务中，协同效应价值评估、评估信息披露、最终结果的表示形式等都缺乏一个系统的规范与指导，这就使并购估值完全等同于传统的企业价值估值，忽略了对协同效应的考量。主并购方的控股股东在并购过程中，为了短期内提升股价，会过度关注被并购公司的财务指标或对赌利润，而忽略并购带来的长期利益协同，这会导致部分股东利用短期并购消息拉动股价在二级市场获利。

二、在研专利药的估值问题

在对并购企业的估值方法中重视资产价值，而对未来带来收益的在研管线产品和销售网络等无形资产的估值较少，也难以找到合理的估值方法，同时在研管线阶段性产品失败风险依然很高。

从医药上市公司的并购案例来看，对企业有形资产价值的评估多基于单项资产价值加权的资产估值法，市场法和收益法也是基于现有能够为企业带来利润的产品线或商业模型，来预测未来现金收益而给出的估值方法，而对计入研发费用的在研管线产品和需要前期培养投入费用的销售网络等无形资产则没有给出合理的估值。医药企业中存在大量的无形资产，其是创造企业未来价值的关键，如医药企业前期投入很大的临床试验、专利研发等专利研发费用，虽然其有失败的可能性，但不能忽略其价值，而目前的会计账面资产价值与无形资产的实际价值相差很多。

医药行业的战略并购的目标中往往更看重被并购企业的无形资产，如获取药品专利、药品批准文号等，从实际医药并购案例来看，目标药企的并购估值增值率普遍较高，增值部分大部分来源于对无形资产给予的未来价值，但从证监会披露的公告中未发现对高增值率的合理性给出解释。被并购的中小药企所拥有的专利药和在研管线等无形资产是并购方关注的重点所在，对药企的核心无形资产价值几乎没有进行单独的评估，多是基于企业整体价值评估，这就导致无形资产的价值并未得到释放。医药企业涉及的无形资产有特别经营许可证、品牌、销售网络、药品专利、药品批准文号、土地使用权等，无形资产种类繁多，对药企众多无形资产进行单独估值难度较大，同时部分无形资产价值之间出现重叠，例如，部分医药专利的价值已在其他无形资产（如药号）的价值得到体现，单独评估药企无形资产时容易出现重复评估，而且部分未完成研发的在研管线产品同样存在失败的风险，一旦失败则可能残值无存。

被并购企业的在研管线存在阶段性失败风险。药品研发项目投资多、周期长、成功率低，一个新药从立项开发到临床Ⅲ期试验阶段，需要不断测试数据，稍有闪失就有可能失败，大型医药公司的新药临床Ⅲ期试验失败的案例也不少。在医药行业，创新药开发一般需经过以下几个阶段：概念开发与前期研究阶段，包括化合物方案筛选、成分提取或合成、药理学及动物学实验；临床前试验阶段，包括进一步筛选方案，毒性、药理性、副作用、耐药性试验，合成路径备选，稳定性分析与试验，临床试验准备；临床试验阶段，包括健康志愿者试验，病人试验，剂量、用法、禁忌、毒性等的规定，生产方法与工艺设计，工厂设计；最后阶段是专家评审、检验、注册与生产销售。2009年罗氏制药旗下的奥法妥木单抗在进行治疗类风湿性关节炎临床试验阶段时，因发现服用奥法妥木单抗的患者有死亡病例，最终宣告失败。因而在并购中对在研管线药品也要做好失败的估值计提。

三、业绩补偿机制漏洞问题

目前实行的业绩承诺和补偿机制存在并购溢价高估的可能性，而达不成业务的补偿机制不足以充分补偿当初的并购价格。高溢价并购所带来的虚高商誉，在未来几年也将面临巨额的减值风险，影响并购后企业的长期经营利润。

《上市公司重大资产重组管理办法》第35条规定，"采取收益现值法、假设开发法等基于未来收益预期的估值方法对拟购买资产进行评估并作为定价参考依据的，上市公司应当在重大资产重组实施完毕后3年内的年度报告中单独披露相关资产的实际盈利数与评估报告中利润预测数的差异情况，并由会计师事务所对此出具专项审核意见；交易对方应当与上市公司就相关资产实际盈利数不足利润预测数的情况签订明确可行的补偿协议"。大部分并购重组采用收益法评估，虽然规则取消了非关联方并购的强制业绩补偿，但实践中这类重组仍然保留有业绩承诺和补偿协议。

医药上市公司并购重组过程中的"高估值、高承诺"问题，可能对上市公司并购后的协同效应价值给予了提前乐观预期支付，但市场环境是变化的，按照收益法的未来稳定收益预测在实际运行中很难做到稳定运行，很多企业并购后业绩大翻脸，从而给并购方和投资者带来损失。在此基础上证监会引入了业绩承诺和补偿机制，但我国上市公司并购重组盈利补偿机制可能被恶意利用，偏离了抑制并购估值泡沫的初衷。从 2013 年开始的对"网络游戏""VR""演员 IP"等概念性"轻资产"壳公司的并购，其中某上市公司将演员 IP 壳公司并购装入上市公司，更是将对赌协议中补偿机制的问题引向了极致。这类壳公司并购标的特点是历史盈利低、高盈利预测、高估值、高盈利承诺，其是基于未来发展的乐观预期，而实际未必能够达到业绩承诺，在此基础上如果是现金补偿的话，被并购方只需要拿出当初并购估值部分中的小部分现金补偿即可，而超额获得了当初估值中的杠杆部分；同时财务并表带来的上市公司业绩增长预期，也推高了二级市场上市公司股价，加大了资产泡沫，这与证监会抑制泡沫的初心渐行渐远，也存在控股股东联合第三方掏空上市公司的可能。

并购标的公司在未能完成业绩承诺按约定进行补偿时，也未必能够如期收到并购标的方的补偿款。例如，新华医疗并购标的成都英德在 2016 年业绩未达预期，且未按时履行 2016 年度业绩补偿义务，只好对簿公堂。当初收购的时候，新华医疗以作价 3.697 亿元，通过发行股份及支付现金方式购买成都英德 85% 股权，此次交易定价增值率高达 372.79%。新华医疗溢价收购，成都英德作出业绩承诺，在双方签署的《发行股份及支付现金购买资产的利润预测补偿协议》中，成都英德业绩承诺人承诺：经审计的扣除非经常性损益后的归属于母公司的净利润 2014 年不低于 3800 万元，2015 年不低于 4280 万元，2016 年不低于 4580 万元，2017 年不低于 4680 万元。协议补偿方案如下：补偿金额 =（成都英德当期承诺净利润数 - 成都英德股权当期实现净利润数）× 2。但自从被新华医疗收购后，成都英德之前的业绩高增长就此停止，且连续三年业绩未达预期，2016 年竟然还亏损 5057.83 万元，按照协议补偿方案，成都英德要补偿上市公司 1.93 亿元。成都英德的巨亏还明显拖累公司业绩，新华医疗股价狂跌。

由此可以看出，标的资产股东为实现高价出售的目的，先对标的给出高业绩承诺，继而由评估机构根据其未来的高增长预期，调整收益法中的未来收益，导致给出标的的高估值，高业绩承诺成了实现资产高估值的操盘手段。目前大部分的收益法评估采用 5 年永续法，即评估未来 5 年的利润，从第 6 年起假定资产收益变成稳定收益，而统一采用第 5 年的数据，标的资产的股东很可能会适度调低 1~3 年业绩预测，而调高后 4~5 年业绩预测，特别是第 5 年业绩预测数据，对通过收益法抬高并购估值影响巨大。目前上市公司并购标的的业绩承诺期为 3 年，在评估期为 5 年的情况下，标的资产的股东对第 4~5 年的业绩预测虚高，既能提高估值又不需要对业绩承诺承担补偿责任，所以存在自利陷阱。收入预测较容易操纵的是增长幅度和业绩承诺两项，标的资产的股东业绩补偿方式，如果是以现金的方式补偿，则并购方会损失补偿部分的估值倍数，是不合理的；如果调整成股份补偿，则能更好地对应资产的实际价值。在医药领域，则是对临床阶段的药品企业给予过高估值的问题，同样也存在业绩补偿问题，如果只是现金补偿，依然无法避免套利问题。因此本书提出了相应的解决方法，即通过多种估值模型取平均值作为前期付款值，再按照估值调整协议来修正估值价格，在模型里对最终并购价格进行约束条件，根据实际业绩来折算成股份比例，以对应最终价格。此模型还包括价格调整和封顶保底机制，可以建立估值调整机制以取代现有的业绩承诺。

从 2010~2019 年医药上市公司并购的统计数据来看，上市公司并购采用收益法作为最终评估方法的比例高达 90%以上，上市公司并购的估值溢价率也呈逐年上升趋势。2013~2015 年沪深两市并购重组案例的平均估值溢价区间为 5.18~7.39 倍，至 2016~2019 年时，平均估值溢价最高达到 9.95 倍，极端并购标的溢价超过 400 倍，轻资产壳公司标的溢价率显著高于传统行业标的溢价率，医药行业标的的平均溢价率在1000%以上，互联网零售行业的溢价率更是高达5800%。2013~2018年评估溢价率如表3.4所示。

表 3.4 2013~2018 年评估溢价率

	分类	溢价率均值	溢价率中值
评估方法	市场法	5.74	1.34
	收益法	10	4.78
	资产基础法	0.83	0.42
重组目的	多元化战略	8.9	4.66
	横向整合	9.56	3.44
	借壳上市	5.74	3.49
	垂直整合	6.03	3.13
	业务转型	13.53	3.34
重组形式	发行股份购买资产	9.63	4.03
	协议收购	5.22	1.47

资料来源：Wind 数据库。

资产评估价格超出净资产公允价值的部分在会计准则中被计入商誉，国际会计准则规定，企业并购重组中的溢价部分作为商誉入账。我国会计准则也规定，并购差价计为商誉，且商誉后续不作摊销只作减值，减值金额计入资产减值准备，同时冲减利润。目前大多数上市公司在并购初始计量时，直接将购买价格高于净资产公允价值的部分全部计入商誉。并购标的业绩承诺未达标最直接的影响，就是并购标的业绩亏损拖累公司并表业绩和可能引发商誉减值。尽管在业绩承诺期内，标的方未完成业绩承诺，标的方原股东需要支付上市公司业绩补偿，但是上市公司要计提商誉减值准备，一增一减，对上市公司并没有什么实际好处，反而给公众留下一个并购失败的印象以及业绩承诺期满业绩不达预期计提商誉减值的隐患。因此，对于上市公司和标的方来说，在业绩承诺期能完成业绩承诺是双方共同的目标，为了这个共同的目标，双方会精诚合作，上市公司会帮助标的公司制订经营计划、对接资源，帮助标的方完成业绩承诺；极端情况下，上市公司甚至会容忍标的公司在承诺期冲业绩的行为，这对上市公司后期的估值和长远发展也有很大的影响。

四、深度调研不足带来的估值假设问题

在并购过程中由于信息不对称，对被并购企业的深度调研不足，估值用的数据信息来源可能存在大量假设，尤其以收益法为基础的评估方法中参数假设，被人为操控的可能性极大，也就导致了评估机构缺乏独立性，评估方法有待进一步改进。

医药行业并购涉及的信息数量大、种类多，对被并购企业的深度调研是很难通过几次走访和财务数据就能摸清楚的，对数据的收集掌握是合理估值的基础。就目前我国医药行业的并购估值信息的掌握程度和运用情况来看，其主要通过目标企业财务报表、企业结构、发展历程、医药行业整体发展状况这几个方面，这些对于医药企业的并购估值来说是不足的，医药企业销售渠道网络布局和管控能力、药品是否入选基本药物目录或医保目录、药品专利的商业价值及剩余寿命等因素都会对目标医药企业价值产生影响。

并购活动不只涉及目标医药企业一个方面，并购估值是一个基于并购双方情况的整体考量。在医药企业信息收集过程中，需要对并购企业进行深入细致的调查，但即使如此依然会有大量的潜在问题无法被发现，而如果只是被动地依靠目标企业提供的资料，也只是流于表面。在信息处理阶段还缺乏严格的筛选审查过程，医药企业并购估值对财务报表的依赖性极大，对于目标医药企业提供的资料缺乏后期的审核，对于医药企业是否具有相关资质、专利技术是否合法合规、所提供的材料凭证是否真实等信息未加证实，这些都会造成估值的失真。

2011 年资产评估协会发布的《资产评估执业准则——企业价值》规定，在企业持续经营的假设下进行价值评估，原则上采用两种以上方法。2018 年10 月 30 日，中国资产评估协会发布修订后的《资产评估执业准则——企业价值》，新标准自 2019 年 1 月 1 日正式实施。以近些年的并购估值数据来看，收益法基本作为医药企业并购的主流方法，但是收益法最重要的参数收益预测及折现率选取，很容易被人为操纵，前文所提到的对未来收益预测就存在主观预测的影响，还有折现率取值，导致评估结果与实际价值相差很大。按照中国资产评估协会提出的通过两种方法估值的互相比较验证，使并购估值定价相对科学，在此基础上本书提出了结合医疗行业的特殊性估值方法、市场法、收益法等多种估值方法取均值，再通过股权业绩补偿模型来修正估值的方法。

　　资产评估是医药行业并购的基础，评估机构应当客观公正地对目标医药企业进行评估，然而在实操过程中，评估机构为委托方定制评估报告的现象非常普遍，这一情况在国有控股的医药企业并购中显得更为突出，评估机构和评估人员根据委托方的并购需要，设计出其所需要的评估报告，违背先有评估、后有结果的合理程序。在并购评估报告出来前，付费的并购的相关利益方往往会对评估方法、参数等施加影响，并购双方往往习惯于先谈好并购价格，再委托评估机构进行评估，导致以并购价格倒推出估值模型的参数来应对证监会规定。由于评估机构较多属于服务机构，地位较为弱势，评估机构的独立性较难保证，导致部分项目评估方法的选用及评估结果受制于并购双方博弈主动权和关联性以及并购方案设计等因素。现阶段医药行业中部分医药上市公司通过并购进行利益输送，而评估机构沦为其套利的合伙人，人为抬高或降低评估价值，严重损害了中小股东及其他利益相关者的利益，扰乱了市场秩序。

第四章

估值区间可调节模型在
医药行业并购中的
适应性和应用条件

本章主要结合医药行业特色，从商业模式、企业生命周期、资产评估、博弈补偿机制等角度分析了适用性，并建立了估值区间模型和可调节的约束条件模型，同时对模型的应用条件提出了相应假设。

第一节 医疗产业并购估值方法的
特殊性及创新模型的理论基础

在复杂的企业并购交易中，行业差异和特点对并购估值的方法影响巨大，而且每种估值方法都有着不同的使用前提和适用性差异，因此要结合多个方面的因素，确定更合适的方法和模型。医药行业体现了高资产、高技术、高运营等特点，特别是传统中药、西药创新药、医疗器械等发展业态差异很大，如何合理地评估医药行业企业的内在价值，成为一个重要问题。

医药行业是刚性需求，是可以跨越经济周期的产业，对医药企业进行合理估值，不但能够给投资者提供科学的数据参考，也能够促进行业内交易并购的进行，对于促进整个行业的持续发展及资源的合理配置具有十分重要的意义。影响医药行业并购的因素较多，在对医药企业进行估值时，需要从多个角度考虑创新药临床试验风险、医药集中采购新规、产业集聚效应和产业链整合等多重因素还要结合子细分行业特征和并购动因进行综合考虑。

在对企业价值评估的实例进行研究时，大多会选择其中的某种方法进行单一估值，对多种估值思想下的混合估值研究较少，因此本书从对企业进行合理估值这一最终目标出发，突破只能用单一方法进行估值的现状，尝试混合估值的可能性，为企业价值评估提供新的思路。

本书基于前述的商业模式、企业生命周期、资产估值、博弈补偿机制等多角度估值思路，提出一个可调节的估值区间理论，同时根据医药行业政策变化的特点，提出了依据创新药、仿制药和在研管线为基础的估值方法。

下面对不同视角下的估值方法在医药领域的适用性进行分析，通过比较，结合医药行业的特色，对现有模型进行适度修正和混合应用。

一、商业模式视角下医药企业估值方法和适用性分析

医药产业的特殊性决定了产业研究的诸多特征，如产业链复杂、高度监管、专业壁垒高、多样性强、可比性弱、信息不透明、潜规则特别多等，而且永远处于一个动态演变的过程。企业的整体估值在很大程度上受到企业商业模式选择的影响，若在并购估值中嵌入商业模式盈利因素等因子的分析，则更有利于提高企业估值的准确性，对医药企业来说，则变现为有专利保护的高利润专利药和有潜在爆发力的在研管线及其协同价值。

药品是医药企业价值中的核心，在并购医药企业时，对其药品和在研药品种类的关注是至关重要的。具体包括药学属性、病种、剂型、规格、质量、批文、竞争品种、渠道、目录情况、行政保护情况、使用频率、价格、销售模式、商业模式、市场监管等。

1. 根据子行业的竞争差异细分估值方法

医药行业是一个传统和现代相结合的复杂行业，其中包含了多种经营形态，化学医药、中药制剂、生物制药、医药商业和医疗器械服务等子行业呈现不同的经营特点。根据医药企业的细分行业特征和商业模式的不同，结合资产估值各类方法在医药行业的适用性分析来看，在选择估值方法上，可以根据并购企业类型进行划分。

仿制药企业属于红海完全竞争市场，以市场法来估值；原料药的差异化更低，但在仿制药普药化的发展趋势下，原料制药一体化企业更有集采竞标优势，同样以市场法来估值。医药流通企业在不同区域市场拥有渠道，其差异性不大，以市场法来估值。创新药企业由于有专利技术的保护，可以视为蓝海市场，以收益法来估值，专利保护期为现金流折现周期；在研管线的药品视为可能成功的创新药来估值，不过在不同阶段加上不同的风险参数，以收益法来估值。中药制剂有配方专利保护和品牌区隔，视为创新药，以收益法来估值。医药器械由于有专利保护期，也可以收益法来估值。

2. 基于医药产品结构的估值思路

一个公司的药品结构可以决定公司的发展，单品爆款决定了企业短期的成长性，多品种梯队决定了企业长期的成长性。从资本市场来看，单一品种的公司业绩增速往往比多品种尤其是几十个、上百个品种的公司快，当然可能成长的持续性差。

在并购过程中，深入了解并购企业的药品品种及竞品比价非常重要，血制品看浆站数量和位置，医疗服务看线下布局扩张，普药、原料药看规模和成本优势，出口定制类生产型医药企业看大客户订单，疫苗和专科化学药看产品品质和适用人群，医疗器械看销售渠道和产品性价比，消费型中药看品牌，稀缺中药看上游资源，中药注射剂看安全性和渠道价差，保健品看品牌价值和渠道价差。

并购医药企业所持有的重磅品种或大品种，应满足以下几个条件：第一，安全性强和疗效好；第二，药品适应症范围最好比较广，其中心血管、肿瘤、消化系统、神经系统等领域市场容量大，小病种的市场容量太小而市场费用、研发费用等并不少；第三，药品最好是独家垄断品种，有专利或行政保护，或首仿国外的重磅原研药；第四，较高的高毛利，高毛利才有在渠道的运作空间，可以产生渠道的利益黏性。相对于 OTC 渠道，医院用药更容易出大品种，原因是 OTC 市场化程度高，充分竞争，患者有决策权；相对于口服剂型，注射剂更容易出大品种，如中药注射剂。

医药企业属于典型的价值创造类商业模式，即通过自身的研发能力创造新药和仿制药。就医药企业而言，可以凭借自身拥有的核心研发团队（智力资本资源）和运营能力，通过对医药产业价值链中环节的增减、整合和创新，实现价值创造、价值传递、价值获取以及价值分配，从而形成商业模式增值。医药行业发展的驱动力是研发，普华永道的分析结果显示：全球最大的前十一家医药企业，其研发项目的风险调整后的净现值与研发投入比，高的3.6，低的0.7，低于1就属于毁灭价值型研发。可见，研发管线的投入程度代表着医药企业的未来成长性。

一些处于研发临床试验阶段的医药企业虽然短期内还无法盈利，但由于其商业模式上的未来垄断性蕴藏着巨大的利润爆发空间，同时也存在着失败的风险，所以在研管线产品的估值也是商业模式估值的重要组成部分。

3. 医药企业的商业模式估值

基于杨晓琳（2017）提出的商业模式对医药企业的价值评估模型，依据企业价值评估的常用方法，结合相关财务数据分析，本书分别评估企业商业模式中的药品价值（专利保护期内和过期后阶段）、企业价值（PB法和自由现金流法）和企业利润三部分，并分别给予权重，通过加权平均得出最终的评估值的方法。药品价值、企业价值和企业利润各赋予权重30%、40%和30%，最终得出基于商业模式的企业评估值。

（1）药品价值。基于医疗企业的药品（专利药）是企业的核心价值，基本上可以分为两个阶段，即专利保护期内和专利保护期过期后阶段，专利保护期内可以获得稳定的垄断利润，保护期的期限一般为20年，在没有疗效更好的替代产品出现前是标准的现金牛，而保护期过后往往利润会出现大幅下滑，因为一般会出现2~3个仿制药。研究药品价值就要分成两阶段来分析，着眼于未来的企业价值增值，在持续经营的假设前提下，借鉴互联网企业在并购估值时的入口流量法和用户转化法来评估客户的资产价值。其计算公式如下：

专利保护期药品价值＝患者数（渠道数）×单体用户费用×行业产品平均利润率（创新药毛利率80%）×行业平均市盈率倍数

非专利保护期药品价值＝患者数（渠道数）×单体用户费用×行业产品平均利润率（仿制药毛利率20%）×行业平均市盈率倍数

以上两个模型虽然相似，但是在单体用户费用和行业产品平均利润率上差异很大，保护期内行业平均利润在70%～95%，而专利保护期过后，由于仿制药竞争和集采竞价方面的压力，价格会有巨大的降幅，利润一般在10%～30%。

（2）企业价值。通常用市净率法、市盈率法、自由现金流量模型等进行企业价值的评估。由于在药品价值中已经对企业未来利润和现金流进行折算了，而且后期还要对各指标价值进行赋权比重，所以本书采用市净率法做简单的企业价值测算。其计算公式如下：

企业价值V＝企业净资产-商誉

（3）企业利润。在评估企业价值时，一般采用税后利润（净利润）。其计算公式如下：

净利润＝扣非后利润总额-所得税费用

（4）加权平均评估企业估值。药品价值、企业价值和企业利润各赋予权重30%、40%和30%，最终得出基于商业模式的企业估值。其计算公式如下：

企业估值V＝药品价值×30%+企业价值×40%+企业利润×30%

二、企业生命周期视角下的医药企业估值方法和适用性分析

医药行业属于居民刚性需求，几乎不受经济周期影响，其企业的生命周期基本可以看作药品的生命周期，但是仿制药工业受到竞争因素和财政医保采购的影响较大，而创新药由于有专利保护期的作用，垄断利润可以保持一段时

间，所以从生命周期的角度来看，医药行业可以简单地分为专利保护期和无保护期两个阶段，而其生命周期的结束是全新替代产品的出现，而创新药的在研管线是企业生命周期重塑并获得全新盈利增长的关键所在。

从行业角度来看，如果一个行业在周期性低估时，整体的价值小于其重置成本，这意味着这个行业很难再有新的进入者了。以仿制药为例，在财政集采政策下，仿制药的价格和利润趋于统一和最小化，这个细分行业和单品就进入了行业周期的低估期，也可以视为企业生命周期的衰退期。

一个药品的生命周期包括临床前研发、Ⅰ～Ⅲ期临床试验、市场进入准许、产品定价及销售，以及后续知识产权保护研发成果等部分；而一个医药企业的生命周期，则是创立期、成熟期的专利药生产销售，到衰退期的专利过期后仿制药的生产销售，而在研管线的产品积累是企业焕发第二次生命的关键。药品生命周期如图4.1所示。

以美国市场为例，医药行业的估值波动因素受研发管线的影响非常严重。药品的研发周期长风险高，EvaluatePharma 最新报告数据显示，海外医药企业研发一种新药需要40亿美元，研发周期长达8～10年。产品的安全有效性、公司的创新能力、在研项目的数量、产权保护的完备性、类似药的问世期限等因素都会影响公司研发管线的估值。对一家创新药企业的估值不应是简单的创新药管线贴现值机械的叠加，而应当就企业所有相关研发管线的产品纵深、本身的研发体系化能力、临床资源的整合能力、市场化商业化能力进行综合的权衡。从研发管线组合的角度，研发管线本身的深度和在研产品之间的协同效应将使研发管线整体的估值大于单个产品简单测算的综合，通过组合疗法、商业化阶段的科室协同效应将大大提升相关在研产品未来的市场空间和估值。药品的上市审批速度及成功率、市场销量变化趋势、药品议价能力及未来竞争药物上市等，也是影响医药公司估值的重要因素（见图4.2和图4.3）。

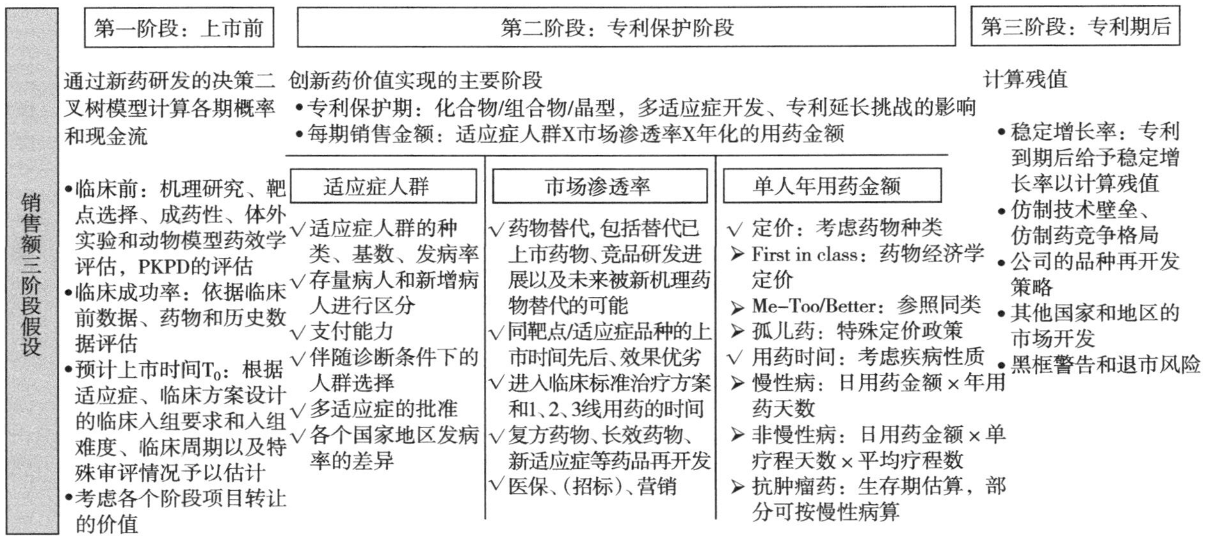

第一阶段：上市前

通过新药研发的决策二叉树模型计算各阶段概率和现金流

销售额三阶段假设
• 临床前：机理研究、靶点选择，成药性、体外实验和动物模型的评估，PKPD的评估
• 临床成功率：依据临床前数据、药物和历史数据评估
• 预计上市时间T0：根据适应症、临床方案设计和临床入组要求及入组难度、临床周期以及特殊审评情况予以估计的价值
• 考虑各个阶段项目转让的价值

第二阶段：专利保护阶段

创新药价值实现的主要阶段
• 专利保护期：化合物/晶型、多适应症开发、专利延长挑战的影响
• 每期销售金额：适应症人群×市场渗透率×年化的用药金额

适应症人群
√ 适应症人群的种类、基数、发病率
√ 存量病人和新增病人进行区分
√ 罕量病人历史数据支付能力
√ 伴随诊断条件下的人群选择
√ 多适应症的批准
√ 各个国家地区发病率等地区的差异

市场渗透率
√ 药物替代，包括替代已上市药物、竞品研发进展以及未来被新机理药物替代的可能
√ 同靶点/适应症品种的上市时间先后，效果状况
√ 进入临床标准治疗方案和1、2、3线用药的时间
√ 复方药物、长处方，新适应症等药品再开发
√ 医保（招标）、营销

单人年用药金额
> 定价：考虑药物种类
> First in class：药物经济学定价
> Me-Too/Better：参照同类
> 孤儿药：特殊定价政策
> 用药时间：考虑疾病性质
> 慢性病：日用药金额×年用药天数
> 非慢性病：日用药金额×平均疗程天数
> 抗肿瘤药：生存期估算，部分可按慢性病计算

第三阶段：专利期后

计算残值
• 稳定增长率：专利到期后给予稳定残值长率以计算残值
• 专利到期增长率：专利到期后给予稳定增长率以计算残值
仿制技术壁垒、仿制药竞争格局、公司的品种再开发策略、其他国家地区的市场开发、黑框警告和退市风险

图 4.1 药品生命周期

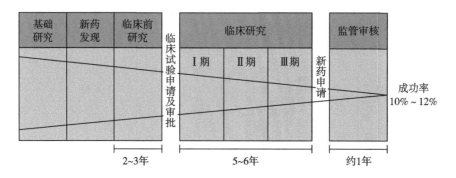

图4.2 新药上市过程及其时间花费和成功率示意

资料来源：西南证券。

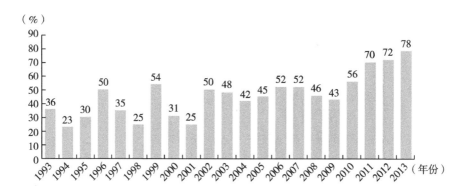

图4.3 新药上市申请首次通过率（FDA）

资料来源：FDA 西南证券。

医药行业的在研管线的估值问题，从财务角度其为纯粹的投入费用，不但不增加估值还"拖累"估值，但是从企业生命周期的角度，企业的未来发展全靠新药的研发，所以研发管线的价值"不言而喻"。从研发到临床试验再到获批上市，所有创新药的平均成功概率不超过10%，其中肿瘤领域的成功概率仅有5%，所以在现有产品估值的基础上需要加上在研管线产品估值，但是需要加上风险参数。在研管线产品价值 V3 = 患者数 M（渠道数）×预计占有市场份额比例×单体用户费用 S×行业产品平均利润率 TC（创新药毛利率80%）×

行业平均市盈率倍数×风险参数概率 10%×专利期（按 20 年计算）

结合上述计算可以得出：

企业价值＝专利期产品价值＋非专利期产品价值＋在研管线产品价值

专利期产品价值＝患者数（渠道数）×单体用户费用 S×行业产品平均利润率（创新药毛利率 80%）×行业平均市盈率倍数

非专利期产品价值＝患者数（渠道数）×单体用户费用×行业产品平均利润率（仿制药毛利率 20%）×行业平均市盈率倍数

在研管线产品价值＝患者数（渠道数）×单体用户费用×行业产品平均利润率（创新药毛利率 80%）×行业平均市盈率倍数×风险参数概率 10%

三、财务资产视角下的医药企业估值方法和适用性分析

医药企业在并购中对市场法、成本法、收益法三种方法都有使用。按照中国证监会《上市公司重大资产重组管理办法》的规定，上市公司在并购中必须使用两种以上的评估方法，从 2001～2018 年中国医药上市公司的并购估值方法的选择来看，由以成本法为主转向以收益法为主，也是中国医药市场由仿制药发展阶段转向创新药为主的发展主线，收益法能更好地反映创新药以及研发管线的价值。

1. 成本法

目前，成本法是我国国有企业资产处置时常采用的方法之一，在医药企业所拥有的各项资产中，并不是简单的相加就可以得到企业价值，如固定资产、房屋建筑物、无形资产、管理团队人力资本和长期股权投资等资产，它们的组合才能共同发挥作用形成企业的整体价值。在无形资产的估值方面，特别是创新药的专利保护价值和在研阶段的创新药管线价值方面，虽然有无形资产评估，但是评估价值过低几乎给忽略了，所以难以完整地反映企业的整体价值。成本法在医药企业并购重组的后期，往往作为一种参考估值的方法与其他方法结合起来应用。重置成本法对医药企业并购相对更有参考价值和实际意义，应

该算实际意义上的PB，可以作为估值区间的一个底线价值来作为判断依据。

在此基础上，提出医药企业的成本法估值模型为：

企业价值V＝企业净资产－商誉

$$V_b = P_0 - I \qquad\qquad\qquad (4.1)$$

其中，V_b为成本法企业价值，P_0为并购当期企业净资产，I为商誉。

2. 市场法

市场法也是医药行业并购重组中使用较多的估值方法，市场法评估时需要选择合适的价值乘数和对标的可比公司。

在价值乘数的应用设计上，应从企业价值驱动要素的不同角度来探讨价值乘数的优化，不仅需要考虑企业自身核心竞争要素，也要参考行业的政策环境和竞争对手的优劣势要素，结合企业的价值驱动要素来综合判断。从医药行业子细分市场的角度来看，化学药和中药制剂企业发展较为稳定，但研发投入高，市盈率、市净率以及销售费用倍数等指标具有很好的参考价值；生物制药企业成长性较快，但是研发投入较高，市净率、无形资产价值倍数、毛利润率倍数和收入增长倍数等指标具有较好的参考价值；医药流通企业具有存货、应收账款等流动资产和渠道的垄断权，市销率、总资产价值倍数和销售费用倍数等指标具有较好的参考价值；医药器械服务类企业属于轻资产公司，但是研发和营销投入较大，市盈率、企业价值倍数以及无形资产价值倍数和销售费用倍数等指标的参考价值较高。

我国的证券市场目前属于弱势有效市场，A股上市的医药公司在股权设置和结构方面还有待提高，导致可选择的对标标的较少，而市场法的操作关键就是大量的可比公司，因此在对标可比公司方面，从全球市场中选取匹配度更高的对标企业或类似药品作为参考物，是目前的主流做法（见表4.1）。基于医药行业细分子行业和适用病症的差异性很多，所以在可比公司的选择上也要基于药品角度来选择，例如，同样是治疗心脑血管疾病的药品不能与糖尿病药品做比对。

表 4.1　医药行业 2012~2018 年 PE/PB/PS 平均数据

医药行业（整体法）	2018 年	2017 年	2016 年	2015 年	2014 年	2013 年	2012 年
PB 市净率	2.71	4.16	4.52	6.00	4.38	4.21	3.55
PS 市销率	2.86	4.71	5.10	6.19	4.01	3.72	3.21
PE 市盈率	22.87	35.43	38.87	51.02	36.10	34.54	30.05

注：有效样本的条件：剔除样本中的负值。

资料来源：基于沪深交易所和 Wind 数据库披露的医药上市公司，采用整体法取值（总利润/总市值）。

使用市场法进行评估，在筛选行业平均市盈率、市净率、市销率的倍数时，往往受制于并购时所处的牛市或者熊市阶段的影响，牛市资产泡沫明显时，资产价格呈现出普遍性高估的问题，会导致评估价格过高；熊市时，则会导致评估价格过低的问题。资本市场是没有恒定状态的。

基于医药行业的特殊性，提出市场法的估值模型，取行业平均市盈率、市净率、市销率的倍数，再进行平均。

$$V_c = (P_b \times P_0 + P_e \times E_0 + P_s \times S_0)/3 \tag{4.2}$$

式（4.2）中，V_c 为市场法企业价值，P_b 为行业平均市净率，P_e 为行业平均市盈率，P_s 为行业平均市销率，P_0 为并购当期企业净资产，E_0 为并购当期企业净利润，S_0 为并购当期企业销售收入。

3. 收益法

在收益法的选择中，结合医药企业的特色，基于现金流量为参照物的估值方式相对更适合一些，其中公司自由现金流模型使用率是最高的。自由现金流法是目前医药行业最主要的估值方法，此方法也可用于当前盈利状况不佳的公司，能够充分体现药品专利保护期以及在研管线的价值。

收益法的核心三要素：目标企业可永续经营；企业未来的增长率可合理的预测；折现率可以合理预测。在专利保护期的药品是企业的黄金发展期，利润比较稳定，能够持续经营，虽然增长率和折现率在确定过程中还有一些波动，但大致的增长区间是可预测的。医药行业分析师在选取折现率指标时，折现率指标范围选取 8%（多元业务的成熟大市值公司）~15%（新兴中小市值公司）。在对自由现金流模型的使用上，结合医药的特点，可以将预测期的时间划分为专利保护期和过期后仿制药期两个阶段，模型的使用上则可对应为两阶段模型。

$$V_d = \sum_{i=1}^{n} \frac{R_i}{(1+r)^i} + \frac{R_n}{r(1+R)^n} \qquad (4.3)$$

式（4.3）中，V_d 为收益法企业价值，R_i 为未来第 i 年的预期收益（企业自由现金流量），R_n 为未来第 n 年及以后永续等额预期收益（企业自由现金流量），r 为折现率，n 为未来预测收益期。

四、博弈补偿机制视角下的医药企业估值方法和适用性分析

医药上市公司并购重组过程中的"高估值、高承诺"问题，可能对上市公司并购后的协同效应价值给予了提前乐观预期支付，但市场环境是变化的，按照收益法的未来稳定收益预测在实际中很难做到稳定运行，很多企业并购后业绩逆转，从而给并购方和投资者带来损失。如果是现金补偿，被并购方只需要拿出当初并购估值部分中的小部分现金补偿即可，获得了当初估值中的杠杆部分；同时财务并表带来的上市公司业绩增长预期，也推高了二级市场上市公司股价，加大了资产泡沫，而与证监会抑制泡沫的初心渐行渐远，也存在控股股东联合第三方掏空上市公司的可能。

收入预测较容易操纵的是增长幅度和业绩承诺两项，标的资产的股东业绩补偿方式，如果是以现金的方式补偿，则并购方会损失补偿部分的估值倍数，是不合理的；而如果调整成股份补偿，则能更好地对应资产的实际价值。在医药领域，则是对临床研发阶段的药品企业给予过高估值的问题，同样也存在业绩补偿问题，如果只是现金补偿，依然无法避免套利问题。因此本书提出了相应的解决方法，即通过多种估值模型取平均值作为前期付款值，再按照估值调整协议来修正估值价格，在模型里对最终并购价格进行约束条件，根据实际业绩来折算成股份比例，以对应最终价格。此模型还包括价格调整和封顶保底机制，可以建立估值调整机制以取代现有的业绩承诺。据此就能将并购双方的利益尽量组合到一起，减少并购过程中信息不对称带来的风险。

在此基础上可以将博弈补偿估值模型修正为一个约束条件模型：

$$D_0 = (V_a + V_b + V_c + V_d)/4$$

$$M = \max\{V_a, V_b, V_c, V_d\}$$

$$N = \min\{V_a, V_b, V_c, V_d\}$$

$$D = (E_1 + E_2 + E_3)/3 \times \frac{D_0}{E_0}$$

$$\widehat{D} = \begin{cases} MD \in [M, +\infty) \\ DD \in (N, M) \\ ND \in (-\infty, N] \end{cases} \quad\quad (4.4)$$

式（4.4）中，D_0 为当期年预执行价格，$\widehat{D}$ 为实际执行价格，M 为取最大值，N 为取最小值，E_0 为并购当期企业净利润，E_1、E_2、E_3 为业绩承诺期 3 年实际净利润。

第二节　估值区间可调节模型的提出

一、估值区间可调节模型的理论思路

并购重组过程中的企业价值评估应是由独立的资产评估机构运用多种估值技术，对并购重组标的资产的公开市场价值进行不偏不倚的评估；并购重组的实际交易价格，则是交易双方结合资产评估机构的评估报告，不断围绕估值博弈谈判的结果，既可以高于评估值也可以低于评估值。

在并购交易过程中双方由于信息不对称，被并购方股东基于自身利益最大化的思路，往往会夸大未来的业绩预期，希望采用并购价格高的估值方法；而并购方则往往基于自身的并购风险与收益权衡的角度，一般希望压低并购交易价格，使用对赌协议之类的并购方式。

通过对多角度估值模型的修正和综合运用，估值模型可以通过立体思维构建，市场化并购中的估值并不是独立的、单一的要素，而是与支付结构、锁定期、业绩承诺、会计处理、税收等因素密切关联，所以交易各方要构建立体思维，从多个角度综合评判，并确定合理的交易价格。

目前的各类估值方法，很难有效确定并购价格的绝对准确性，所以基于前文的分析，本书提出一个估值区间的交易思路，融合了成本法、收益法和市场法的评估思路，建立一个可交易的区间，设定上限估值和下限估值，再通过修正的博弈补偿机制来设定约束条件，最终根据对赌业绩期间的实际业绩情况，根据 PE 倍数来修正估值。

1. 估值上限

取各种评估方法的最高值作为估值上限，从 2011～2019 年医药行业并购中使用的估值方法来看，收益法的估值一般是最高的。估值上限的作用是对短期内极端业务增长（极端业务增长往往不具有持续性）所带来估值过高的一种修正保护，是对并购方有利的一项措施。

2. 估值下限

取各种评估方法的最低值作为估值上限，从 2011～2019 年医药行业并购中使用的估值方法来看，资产成本法的估值一般是最低的。估值下限的作用是对短期内极端业务下降（极端业务下降也往往是个例情况）所带来估值过低的一种修正保护，是对被并购方有利的一项措施，也是对被并购方底线资产价格的认同。

3. 初次交易价格

在上述估值价格的上限和下限范围之内，取各类估值方法的均值作为初次交易价格；并计算出对应未来三年业绩承诺下，目前初次交易价格的 PE 倍数，为未来实际业绩所对应最终交易价格的 PE 倍数做准备。

目前的业绩补偿机制，无论是股权补偿还是现金补偿，都是在并购估值不变的情况下，对未达标的业绩部分使用现金或股权补偿而已，而并购估值的那部分超额增值部分，根本就没有让被并购方股东退回；特别是收益法中在对未来业绩预期达标和同步增长的情况下，才会给出高估值，如果没有业绩达标和增长，则后续的估值根本不成立。如果采用本书修正的补偿机制，实则是采用双向激励的方法，在业绩承诺不达标的前提下，业绩承诺方付出的补偿，不仅是业绩差额的补偿，还包含了差额部分所带来的估值收益，但是不会低于估值下限；如果业绩达标甚至超额，还会获得更高的估值，但是不会高于估值上限。

4. 最终交易价格的修正

最终的交易价格由未来实际业绩支撑的估值决定，以三年业绩承诺期的实际业绩情况为基础，修正交易初期的估值差额部分，在估值区间的保护下，获得双方利益的一致性。

二、估值区间可调节模型

根据前文所述，买卖双方应根据商业模式、企业生命周期、资产评估、博弈补偿机制等因素，计算出不同的估值以确定企业估值区间，再根据约束条件，围绕估值进行反复博弈，最终确定交易价格。

1. 确定估值区间的模型

（1）结合商业模式和产品生命周期的角度，提出医药企业的估值模型为：

$$V_a = V_{a1} + V_{a2} + V_{a3}$$

$$V_{a1} = Q \times S \times T_c \times P_e，T_c = 0.8$$

$$V_{a2} = Q \times S \times T_c \times P_e，T_c = 0.2$$

$$V_{a3} = Q \times S \times T_c \times P_e \times \beta，T_c = 0.8 \tag{4.5}$$

式（4.5）中，V_a 为企业价值；V_{a1} 为专利期产品价值；V_{a2} 为非专利期产品价值；V_{a3} 为在研管线产品价值；Q 为患者预测数量；S 为单体客户预测费用；T_c 为行业产品平均利润率，专利期取值为 80%，非专利期取值为 20%，在研管线有可能获得专利权取值 80%；P_e 为行业平均市盈率倍数；β 为风险参数（新药研发的成功率）。

（2）基于资产评估角度，提出医药企业的估值模型基础资产法（重置成本法）为：企业价值 V = 企业净资产－商誉。

$$V_b = P_0 - I \tag{4.6}$$

式（4.6）中，V_b 为成本法企业价值，P_0 为并购当期企业净资产，I 为商誉。

（3）基于资产评估角度，提出医药企业的估值模型市场法：基于医药行业的特殊性，取行业平均市盈率、市净率、市销率的倍数，再进行平均。

$$V_c = (P_b \times P_0 + P_e \times E_0 + P_s \times S_0)/3 \tag{4.7}$$

式（4.7）中，V_c 为市场法企业价值，P_b 为行业平均市净率，P_e 为行业平均市盈率，P_s 为行业平均市销率，P_0 为并购当期企业净资产，E_0 为并购当期企业净利润，S_0 为并购当期企业销售收入。

（4）基于资产评估角度，提出医药企业的估值模型收益法：

$$V_d = \sum_{i=1}^{n} \frac{R_i}{(1+r)^i} + \frac{R_n}{r(1+R)^n} \tag{4.8}$$

式（4.8）中，V_d 为收益法企业价值，R_i 为未来第 i 年的预期收益（企业自由现金流量），R_n 为未来第 n 年及以后永续等额预期收益（企业自由现金流量），r 为折现率，n 为未来预测收益期。

2. 股权补偿机制约束模型

基于博弈补偿机制的角度，提出股权补偿机制的约束模型如下：

$$D_0 = (V_a + V_b + V_c + V_d)/4$$

$$M = \max\{V_a, \ V_b, \ V_c, \ V_d\}$$

$$N = \min\{V_a,\ V_b,\ V_c,\ V_d\}$$

$$D = (E_1 + E_2 + E_3)/3 \times \dfrac{D_0}{E_0}$$

$$\widehat{D} = \begin{cases} MD \in [M,\ +\infty) \\ DD \in (N,\ M) \\ ND \in (-\infty,\ N] \end{cases} \tag{4.9}$$

式（4.9）中，D_0 为当期年预执行价格，$\widehat{D}$ 为实际执行价格，M 为取最大值，N 为取最小值，E_0 为并购当期企业净利润，E_1、E_2、E_3 为业绩承诺期三年实际净利润。

三、模型假设条件

本模型基于的假设条件如下：

1. 宏观政治经济环境稳定假设

企业的持续经营都是建立在宏观环境维持稳定的前提条件下的，假设国际政治环境、法律法规、技术背景、自然环境等无重大变化，并购交易过程中没有不可抗力等因素影响。

2. 企业可持续经营假设

假设企业将会保持现有的经营状态永续发展，被评估企业未来的会计核算方法、会计政策、企业管理制度等不变。

3. 公司经营管理层有能力担当公司管理且负责任假设

假设被估值企业的管理层有能力、有担当并且是负责的，如果出现危机，管理者可以化解。在此基础上，假设被评估企业现有的管理方式、管理水平、经营范围、运营方式保持不变，现有的核心研发人员及管理团队在企业经营期内能保持稳定。

4. 企业毛利率行业同期水平假设

在模型中对专利药、仿制药的行业平均毛利率进行测算，取相对值，并假设在研药品如果成功也能获得同等的毛利率。

5. 新药研发成功率假设

在模型中对行业创新药的成功率进行测算，取相对值，并假设被估值企业的在研药品的成功率相等。

6. 公开市场假设

基于市场有效理论，假设市场价格能完全反映企业价值，这一假设也是理想假设，资产是可以在公开市场上随时出售给需要的买家，买家也能随时找到合适的购买标的。

7. 财务记账制度统一假设

假设并购方与被并购方的财务制度、财务报告编写原则大致相同，不存在重大歧义。

8. 企业能够破产清算假设

假设企业破产时能够在公开市场上出售其剩余资产价值，且有买方。

9. 资产重置假设

假设被并购企业的账面净资产等同于企业重置成本。

10. 金融和税务环境稳定假设

假设有关贷款利率、汇率、赋税基准及税率、政策性征收费用等不发生重大变化。

11. 财务资料真实假设

假设被评估企业提供的基础资料和财务资料真实、准确、完整。假设企业不会发生重大坏账损失，应收款项回收时间和方式不变。

第五章

基于医药上市公司并购估值案例分析

本章主要通过两个医药上市公司的实际并购案例，从达成业绩承诺和未达成业绩承诺两个角度，代入本书提出的估值区间可调节模型，实证分析实际执行价格与估值区间可调节模型计算价格之间的优劣势和可靠性。

第一节　业绩承诺达标的并购估值案例分析

东诚药业于 2015 年 4 月 23 日公告并购成都云克药业，标的公司云克药业主要从事核素药物的研发、生产和销售，主要产品有云克注射液、碘-125 籽源，产品覆盖类风湿关节炎、骨科及肿瘤等治疗领域。云克药业自成立以来，一直秉承"立足核素，与我国核素治疗事业共成长"的发展理念，致力于核素药物的研制和生产，并得到了医学界、药物研究机构等的广泛关注和支持，位居国内核素药物供应商前列。

一、东诚药业并购云克药业的流程概述

1. 并购方：东诚药业简介

烟台东诚药业集团股份有限公司于 2012 年 5 月，根据中国证券监督管理委员会"证监许可〔2012〕355 号"文《关于核准烟台东诚生化股份有限公司首次公开发行股票的批复》，向社会公开发行人民币普通股募集资金上市交易。2012 年 5 月 25 日，经深圳证券交易所"深证上〔2012〕133 号"《关于烟台东诚生化股份有限公司人民币普通股股票上市的通知》同意，公司发行的人民币普通股股票在深圳证券交易所上市，股票简称"东诚药业"，股票代

码为002675。2012年7月3日，该公司在山东省工商行政管理局办理了变更登记，并取得《企业法人营业执照》。主营业务和经营范围：原料药（肝素钠、肝素钙、硫酸软骨素钠、硫酸软骨素钠（供注射用）、那屈肝素钙、依诺肝素钠、达肝素钠、盐酸氨基葡萄糖、卡络磺钠、多西他赛）的生产、加工和销售；硫酸软骨素、胶原蛋白、透明质酸、细胞色素C（冻干）、鲨鱼骨粉的生产、加工和销售（硫酸软骨素、鲨鱼骨粉、胶原蛋白仅限出口）（依法须经批准的项目，经相关部门批准后方可开展经营活动，有效期以许可证为准）。

公司的控股股东一直为烟台东益生物工程有限公司，由守谊持有公司控股股东烟台东益51%的股权，其妻子持有烟台东益25%的股权，其女儿持有烟台东益24%的股权。由守谊通过控制公司控股股东烟台东益而间接控制公司，为公司的实际控制人（见表5.1）。

表5.1 截至2014年12月31日东诚药业公司前十名股东持股情况

股东名称	持股数量（股）	持股比例（%）
烟台东益	46008000	26.63
金业投资	33000000	19.10
美国太平彩虹	21580000	12.49
华益投资	8142353	4.71
中国工行—广发聚丰股票型投资基金	7664503	4.44
郑瑞芬	1600000	0.93
鲁商传媒集团有限公司	1545945	0.89
东证—光大—东风6号集合资产计划	1086118	0.63
黄超真	1085000	0.63
林云	872397	0.50

东诚药业属于医药制造业，自设立以来主要从事肝素钠原料药和硫酸软骨素的研发、生产与销售。2013年公司制定了"原料药和制剂业务并重、内生式增长与外延性拓展共进，在制药领域实现持续快速增长"的战略和经营计划。已发展成为一家横跨生化原料药、化药制剂和中药制剂三个领域，集药品

研发、生产、销售于一体的企业集团。

在原料药业务方面，公司依托技术优势、认证优势、营销渠道优势，坚持"质量、顾客、承诺"的质量方针，在保证稳定的基础上继续加大市场开拓力度，2012 年以来，肝素钠原料药产品的产销量基本稳定，抵抗住了行业的激烈竞争压力，硫酸软骨素产品实现大幅增长。

在制剂业务方面，子公司北方制药保持稳定发展，于 2014 年完成了新厂房建设，并投入使用，逐步加强现有主要产品的生产和销售。2013 年公司收购烟台大洋制药有限公司并于当年 6 月 18 日正式并表，收购完成后，公司积极进行管理输出、销售队伍整合等工作，并优化产品生产工艺，提高产品质量，大洋制药销售收入和净利润均实现较快增长。随着公司制剂业务稳定增长，制剂业务收入在公司主营业务收入中的占比逐渐提高。

在产品研发方面，公司按照"转化一代，储备一代，预研一代，构思一代"的研发思路，通过不断加大研发投入、完善研发体系建设、积极同著名医药科研院所合作等，提高公司的新产品研发能力。围绕现有优势产品不断进行新产品和新技术开发，加快低分子肝素系列产品、合成寡糖、泌尿生殖系统用药等制剂品种的研发和报批进度；利用现有专家队伍加强外部合作，与中国医学科学院药物研究院、上海第二军医大学合作，积极研发抗耐药抗生素新药、新型抗真菌药物等其他新型生物技术药物，快速提升公司自主创新能力，增强公司在医药行业的核心竞争力，为实现公司发展战略和可持续发展奠定基础。

2. 被并购方：云克药业简介

1999 年 10 月 15 日，中国核动力研究设计院出具《关于同意基地同位素应用研究所进行有限责任公司改制的批复》，同意同位素应用研究所按《中华人民共和国公司法》进行改制。2000 年 4 月 13 日，核动力院出具《关于同位素应用研究所股份划分方案的批复》（院体改发〔2000〕167 号），批准将同位素应用研究所经评估净资产数 111.3 万元以及长期借款 94.5 万元之和，即 205.8 万元作为出资，投入与 29 位个人股东组建的成都云克药业有限责任公司中。2000 年 10 月 18 日，核动力院和李明起等 29 名自然人共同制定了云克药业公司章程，公司章程约定，云克药业注册资本为 514.5 万元。2001 年 7 月 5 日，云克药业取得成都市工商行政管理局核发的《企业法人营业执照》，注册资本为 514.50 万元。2015 年 3 月，由守谊、中核新材和章毅分别与鲁鼎思诚签署股权转让协议，由守谊将其持有的云克药业 141.8913 万元的出资额作价 6651.15625 万元转让给鲁鼎思诚；中核新材将其持有的云克药业 71.2 万元的出资额作价 3337.5 万元转让给鲁鼎思诚；章毅将其持有的 0.242 万元出资额作价 11.34375 万元转让给鲁鼎思诚，转让单价均为每 1 元出资额 46.875 元。2015 年 3 月 26 日，云克药业股东会决议同意了以上股权转让。

云克药业主要从事核素药物的研制、生产和销售。核素药物广泛应用于疾病的诊断和治疗，在恶性肿瘤、心脑血管等疾病的治疗方面具有其他药物不可替代的优势。核素药物是民用非动力核技术的重要应用领域，但我国的核素药物产业仍处于起步阶段，落后于美国等发达国家。随着以核素药物为核心的核医学的进步、国家和公众对核素药物认识的不断提高，国内核素药物产业发展迅速，未来发展潜力巨大，市场前景广阔。

云克药业研发团队于 20 世纪 90 年代研制成功的云克注射液于 1997 年获得了原卫生部颁发的新药证书，该药物是我国少数几个拥有自主知识产权的核素药物之一，曾获得国家发明专利和"中国专利优秀奖"，并荣获"国家重点新产品"证书。云克药业建有一条云克注射液生产线和一条碘-125 籽源生产线，目前已拥有年生产 800 万套云克注射液和 15 万粒碘-125 籽源的生产能力。目前云克药业的产品主要是云克注射液和碘-125 籽源，其中云克注射液是标的公司的独家产品，是收入和利润的主要来源。

云克注射液是我国少数几个国产核素药物（其他核素药物多为进口或仿制药物）之一，是我国首个用于类风湿关节炎临床治疗的核素药物，并获得国家发明专利及"国家重点新产品"证书。经过多年的临床应用和推广，云克注射液在治疗类风湿关节炎等自身免疫性疾病及骨科疾病方面，得到了广泛的应用和专家认可。碘-125 籽源是近距离治疗肿瘤的高新技术，能在治疗过程中，将肿瘤组织周围的正常组织的损伤降到最低，已经成为各种实体瘤特别是前列腺癌、肺癌、肝癌等治疗的重要方法。类风湿关节炎被称为"不死癌症"，在我国的发病率为 0.32%~0.36%；恶性肿瘤在我国的发病率约 0.235%，按 13.6 亿人口测算，预计我国类风湿关节炎患者约 450 万人，恶性肿瘤患者约 320 万人，众多的患者形成了对类风湿关节炎药物和抗肿瘤药物的巨大市场需求。凭借产品优势、雄厚的研发实力和客户资源优势，在旺盛的市场需求情况下，云克药业发展空间广阔，前景可期。

云克药业拥有一支体系完整的研发团队，具备了博士生导师、硕士生导师、研究员、高级工程师、执业药师、医师等全方位科研人员，其中有退休专家、国家药典委员会委员等。云克药业是核动力院核技术及应用博士培养点，拥有博士生导师 2 名，硕士生导师 5 名；设有专业化的药品开发实验室、生物研究实验室、质量控制实验室、放射化学实验室等科研实验场地；组建了成都放射性药物工程技术研究中心和成都市放射性药物产学研联合实验室。云克药业还拥有较强的在研项目储备，主要领域涉及医用同位素生产堆、医用放射性核素生产、治疗恶性肿瘤的放射性微球、放射性核素标记生物分子药物等。除自主研发外，云克药业还与核动力院、四川大学、华西医院等科研院所以及国外的医药公司和科研机构建立了合作关系。雄厚的研发实力将为云克药业的未来持续发展及盈利提供重要保障。

云克药业拥有完整的采购、生产和销售体系，根据市场需求及自身的情况独立进行生产经营活动。云克药业原辅材料采购的金额较小，未单独设立采购部，由生产部负责原辅材料和包装材料的采购，质量部负责供应商的资格评审、建立供应商档案和物料的入厂检验。主要采购品种都有长期合作的合格供应商，合作关系良好。生产负责人根据生产计划和库存情况提出采购申请，经批准后向合格供应商采购；物料到货后，库管员提出请验，并在质量部检验合格后将材料入库。采购价格一般由双方协商确定。主要原辅材料都保持一定的安全库存，其中碘［125I］由于半衰期仅59.6天，为保证放射性活度，一般根据生产需求每半个月采购一次。云克药业根据产品的特点采取不同的生产模式。云克注射液采取计划方式生产，根据经营目标、销售需求、产品库存大小、生产周期等综合情况制订生产计划，生产部门按生产计划组织安排生产。碘-125籽源由于碘［125I］的半衰期较短，主要采取以销定产方式，根据终端客户的需求情况组织安排生产。云克药业的销售主要采用直销为主、经销为辅的销售模式。云克注射液产品面对的主要科室是风湿免疫科、老年科、骨科等科室，碘-125籽源面对的主要科室是肿瘤科，因此主要客户为设有相应科室的以三级医院为主的各级医疗机构。云克药业以大区和省为单位，由销售部下派区域经理负责该区域内的销售，并根据实际情况在各区域配备一定数量的销售人员，负责区域内医院的销售和跟踪。除直销外，云克药业还与国内的多家大型医药经销商建立了业务往来，以买断的方式将产品销售给经销商，由其再销售给终端客户。云克药业直销收入约占营业收入的70%，经销收入约占营业收入的30%。

3. 并购交易目的

（1）有利于丰富公司产品种类，快速切入核素药物领域。公司制剂业务已涉足中药制剂和化药制剂，但制剂业务在公司主营业务中的比重仍然较低。云克药业拥有11项药品批准文号，主要包括云克注射液、碘-125籽源和多种放免药盒。其中云克注射液和碘-125籽源是云克药业的核心产品，具有良好的疗效、较强的市场竞争力和广阔的市场空间。通过本次并购，公司可以在短时间内增加具有核心竞争力的优势产品，丰富公司产品种类，增强公司在制剂领域的核心竞争力，并向类风湿关节炎治疗和肿瘤治疗领域延伸。放射性药物属于高技术含量产品，对产品开发、材料配方、生产工艺和临床应用推广等均有较高的要求，行业具有较高的技术壁垒；同时放射性同位素属于国家特殊管理或管控的物质，企业生产和销售核素药物具有较高的资质认证壁垒。通过并购云克药业，公司可以在短时间内进入壁垒很高且发展前景广阔的核素药物领域，将核素药物作为公司新的业绩增长点，增强公司后续发展能力，并打造国内首个核素药物上市公司平台，推动核素药物的应用和发展。

（2）有利于收购优质资产，增强公司盈利能力。云克药业盈利能力较好，能进一步增强公司盈利能力。根据审计结果，2013 年云克药业实现的营业收入为 15331.48 万元，净利润为 5440.65 万元；2014 年度云克药业营业收入为 20497.99 万元，净利润为 7397.62 万元，净利润分别相当于同期上市公司归属于母公司股东净利润的 53.95% 和 71.16%。根据《利润补偿协议》，云克药业经审计机构专项审计的 2015 年度、2016 年度和 2017 年度扣除非经常性损益后的归属于母公司股东的净利润分别不低于 1 亿元、1.22 亿元和 1.46 亿元。本次交易完成后，上市公司盈利水平将得到大幅提升，提高抗风险能力和可持续发展的能力，促进股东利益最大化。

有利于发挥协同效应，加强双方优势互补。上市公司和标的公司在战略、研发、销售等方面具备较好的互补性和协同性。本次并购完成后，标的公司将纳入上市公司的发展战略，上市公司的制剂业务将拥有更丰富的产品线，获得具有核心竞争力的药物品种。云克药业借助上市公司平台，进一步提升管理效率，开拓市场，扩张经营规模。在研发上，上市公司将拥有烟台和成都两大研发平台，可实现两大平台的优势互补，在多个领域进行全面合作，共同推进上市公司的技术开发，提高核心竞争力。在销售上，上市公司国内的制剂业务客户主要是医药代理商；云克药业的客户以国内医院为主，营销网络基本覆盖了除西藏外的全国各省份。本次并购完成后，上市公司将对市场资源进行整合，通过共享客户资源，导入各自的产品，扩大整体的销售规模；云克药业也可借助上市公司的国际注册和认证经验，将自身特色产品引入国际市场，获取更大的发展空间。

二、并购交易方案及补偿机制

1. 并购交易方案

本次交易包括两部分：发行股份购买资产和发行股份募集配套资金。东诚药业拟发行股份购买成都云克药业有限责任公司52.1061%的股权，同时拟募集配套资金8000万元，具体情况如下：

（1）向由守谊、鲁鼎思诚和中核新材发行股份购买其合计持有的云克药业52.1061%的股权，交易价格合计为75032.8141万元。为提高整合绩效，拟向徐纪学非公开发行股份募集配套资金，配套资金总额为8000万元。募集配套资金不超过本次交易总金额（收购云克药业52.1061%股权对价75032.8141万元与配套融资金额8000万元之和）的25%。本次交易完成后，本公司将持有云克药业52.1061%的股权，云克药业成为本公司的控股子公司。东诚药业本次发行股份购买资产不以募集配套资金的成功实施为前提，募集配套资金成功与否并不影响发行股份购买资产的实施。

（2）本次交易的标的资产为云克药业52.1061%的股权。评估机构采用收益法和资产基础法对云克药业全部股东权益进行评估，最终采用收益法评估结果作为云克药业全部股东权益价值的评估结论。以2014年12月31日为评估基准日，云克药业全部股东权益的评估值为145010.10万元，较云克药业母公司2014年12月31日经审计净资产21994.09万元的增值率为559.31%。

（3）发行价格：本次交易标的资产云克药业52.1061%股权的成交额为75032.8141万元，东诚药业拟以发行股份方式支付交易对价。按照《上市公司重大资产重组管理办法》第45条规定：上市公司购买资产的股份发行价格不得低于市场参考价的90%。市场参考价为本次发行股份购买资产的董事会决议公告日前20个交易日、60个交易日或者120个交易日的公司股票交易均价之一。根据上述规定，为减少股价短期波动对交易对价的影响，兼顾各方利益，确定本次发行股份购买资产的发行价格采用定价基准日前120个交易日公司股票交易均价作为参考价，并以参考价的90%作为发行价格的基础。本次发行股份购买资产的定价基准日为公司第三届董事会第八次会议决议公告日，定价基准日前120个交易日剔除派息因素后股票交易均价为19.203元/股，以该参考价的90%作为发行价格的基础，确定发行价格为17.29元/股。

（4）股份锁定期情况如下：由守谊、鲁鼎思诚、徐纪学等认购取得的东诚药业股份的限售期为 36 个月。

2. 业绩承诺及补偿机制

（1）补偿期限及利润承诺。根据本次交易安排，公司与由守谊、鲁鼎思诚和李明起等 15 名自然人签署了《利润补偿协议》，本次交易中相关方对标的资产未来三年的盈利进行了承诺，相应承诺金额如下：利润补偿义务人与公司约定，其承诺云克药业 2015 年、2016 年、2017 年合并报表扣除非经常性损益后归属于母公司股东的净利润分别不低于 1 亿元、1.22 亿元、1.46 亿元。

（2）利润补偿措施。公司在本次交易完成后，将聘请具有证券业务资格的会计师事务所对云克药业实际实现的净利润情况出具专项审计报告，以确定在承诺年度内云克药业的实际净利润。在各利润补偿期内，若经注册会计师审核确认，截至当期期末累积实际净利润未能达到截至当期期末累积承诺净利润，则以现金方式向上市公司补偿净利润差额。具体补偿方式如下：当期应补偿金额＝（截至当期期末累积承诺净利润数额－截至当期期末累积实际净利润数额）×52.1061%－已补偿金额。

在各年计算的应补偿金额少于或等于 0 时，按 0 取值，即已经补偿的金额不冲回。公司应在具有证券、期货业务资格的会计师事务所对云克药业当年实际实现的净利润情况出具专项审核报告之日起 30 个工作日内，召开董事会计算应补偿金额。李明起等 15 名自然人为第一顺序补偿义务人，由守谊和鲁鼎思诚为第二顺序补偿义务人。当第一顺序补偿义务人未能按照本协议的约定向公司足额补偿时，不足部分由由守谊和鲁鼎思诚履行补偿义务。

（3）实际业绩完成情况。根据 2016 年、2017 年、2018 年公告，可以看出云克药业的业绩承诺方出色地完成了业绩承诺，并超额达标；也就是说按照合同约定云克药业的实际估值为 145010.10 万元（见表 5.2）。

表 5.2 业绩承诺及完成情况

项目	2015 年	2016 年	2017 年
业绩承诺（万元）	10000	12200	14600
实际完成（万元）	10420.01	13447.62	14639.34
完成率（%）	104.2	110.2	100.27

三、云克药业财务状况及无形资产

1. 最近两年经审计的主要财务数据

经中天运审计，云克药业最近两年合并资产负债表主要数据如表 5.3 所示。

表 5.3 云克药业 2013~2014 年财务报表   单位：万元

项目	2014 年 12 月 31 日	2013 年 12 月 31 日
流动资产	19584.46	15415.45
非流动资产	4679.57	3923.11
资产总额	24264.03	19338.56
流动负债	2091.55	1996.28
非流动负债	400.38	203.00
负债总额	2491.93	2199.28
所有者权益	21772.10	17139.29

经中天运审计，云克药业最近两年合并利润表主要数据如表 5.4 所示。

表 5.4 云克药业 2013~2014 年财务报表   单位：万元

项目	2014 年	2013 年
营业收入	20497.99	15331.48
营业成本	2347.89	1828.17
营业利润	8663.22	6346.87

项目	2014 年	2013 年
利润总额	8769.75	6464.77
净利润	7397.62	5440.65

2. 除土地所有权外的主要无形资产

（1）商标：云克药业拥有的商标情况如表 5.5 所示。

表 5.5　云克药业有商标情况

商标名称	注册证号	类别	商品/服务	有效期限
云克	12124130	第 35 类	药用制剂零售或批发服务；药品零售或批发服务	2024 年 7 月 20 日
云克	1238242	第 5 类	放射性药品、医用药物	2019 年 1 月 13 日

（2）专利：云克药业拥有的专利均为发明专利，情况如表 5.6 所示。

表 5.6　云克药业专利申请情况

名称	申请日	专利号
碘-125 密封籽源源芯的制备方法	2008 年 10 月 30 日	ZL200810046412.3
一种放射性阴离子树脂微球及其制备方法	2011 年 3 月 11 日	ZL201110058659.9
一种放射性阴离子树脂微球及其制备方法	2011 年 3 月 11 日	ZL201110058722.9
一种不对称脲衍生物的制备方法	2012 年 10 月 8 日	ZL201210376404.1
一种二膦酸化合物及其制备方法	2010 年 11 月 3 日	ZL201010529957.7

（3）生产经营资质。

1）辐射安全许可证：云克药业拥有四川省环境保护厅颁发的《辐射安全许可证》，证书编号为"川环辐证〔00039〕"，有效期至 2017 年 4 月 22 日，种类和范围为"生产、销售、使用放射性药品；使用甲级医用短寿命和使用乙级非密封放射性物质工作场所"。

2）放射性药品生产许可证和放射性药品经营许可证：云克药业拥有四川省药品监督管理局颁发的《放射性药品生产许可证》和《放射性药品经营许可证》，证书号均为"川F201201"，生产范围和经营范围均为"体内放射性药品（小容量注射剂、冻干粉针剂、体内植入剂）、体外放射性诊断试剂（三碘甲腺原氨酸放免药盒、甲状腺素放免药盒、铁蛋白放免药盒、反三碘甲腺原氨酸放免药盒、促甲状腺激素放免药盒、β2-微球蛋白放免药盒、甲胎蛋白放免药盒、癌胚抗原放免药盒）"，有效期限为2016年12月31日。

3）药品GMP证书：云克药业持有国家药品监督管理局最新颁发的编号为L5537《药品GMP证书》，有效期至2015年12月6日，认证范围为放射性药品（放射性密封籽源）。云克药业同时持有国家药品监督管理局最新颁发编号为CN20140020的《药品GMP证书》，有效期至2019年1月23日，认证范围为放射性药品（锝［99Tc］亚甲基二膦酸盐注射液，小容量注射剂；注射用亚锡亚甲基二膦酸盐，冻干粉针剂）。

4）药品生产批准文号：截至2014年12月31日，云克药业共有11项药品生产批准文号，具体如表5.7所示。

表5.7　云克药业药品生产批号情况

药品名称	剂型	有效期限	批准文号
锝［99Tc］亚甲基二膦酸盐注射液	注射剂	2015年9月16日	国药准字 H20000218
注射用亚锡亚甲基二膦酸盐	注射剂（冻干）	2015年9月16日	国药准字 H19994114
铁蛋白放免药盒	放免药盒	2015年12月30日	国药准字 S10950100
三碘甲腺原氨酸放免药盒	放免药盒	2015年12月30日	国药准字 S10930037
甲状腺素放免药盒	放免药盒	2015年12月30日	国药准字 S10930038
甲胎蛋白放免药盒	放免药盒	2015年12月30日	国药准字 S10950104
反三碘甲腺原氨酸放免药盒	放免药盒	2015年12月30日	国药准字 S10950101
碘［125I］密封籽源	放射性密封源	2015年5月6日	国药准字 H20103213
促甲状腺激素放免药盒	放免药盒	2015年12月30日	国药准字 S10950102

药品名称	剂型	有效期限	批准文号
癌胚抗原放免药盒	放免药盒	2015 年 12 月 30 日	国药准字 S10950105
β2-微球蛋白放免药盒	放免药盒	2015 年 12 月 30 日	国药准字 S10950103

（4）云克药业目前的主要产品如表5.8所示。

表5.8 云克药业产品

产品名称	产品图片	产品种类	用途
云克注射液		抗类风湿药物	治疗类风湿关节炎，同时在强直性脊柱炎等自身免疫性疾病和骨科疾病以及肿瘤骨转移中也有应用
碘-125 籽源		抗肿瘤药物	主要治疗浅表、胸腹腔内的肿瘤（如头颈部肿瘤、肺癌、胰腺癌、早期前列腺肿瘤），也适用于经放射线外照射治疗残留的肿瘤以及复发的肿瘤

根据《上市公司分类指引》（2012 年修订），云克药业属于医药制造业，分类代码为 C14，主要产品所处的细分行业为核素药物行业。核素药物又称放射性药物，是指含有放射性核素、用于医学诊断和治疗的一类特殊制剂，其中获得国家药品批准文号的核素药物被称为放射性药品，是用于临床诊断或者治疗的放射性核素制剂或者其标记药物。

体外核素药物主要指放射性核素标记的免疫诊断试剂；体内核素药物又可分为诊断用核素药物和治疗用核素药物。

诊断用核素药物是用于获得体内靶器官或病变组织的影像或功能参数，进行疾病诊断的一类核素药物，也称为显像剂或示踪剂。诊断用核素药物中锝 [99mTc] 及其标记化合物占 80%以上，广泛用于心、脑、肾、骨、肺、甲状腺等多种疾患的检查；此外，碘 [131I]、镓 [67Ga]、铊 [201Tl]、铟

［111In］等放射性核素及其标记物也有较多的应用；随着 PET/CT 显像仪器的推广应用，碳［11C］、氮［13N］、氧［15O］，尤其以氟［18F］等短半衰期正电子放射性核素的应用也逐年增多。

治疗用核素药物是指在有载体或无载体情况下能够高度选择性浓集在病变组织产生局部电离辐射生物效应，从而抑制或破坏病变组织发挥治疗作用的一类体内核素药物。治疗用核素药物的种类也很多，碘［131I］是治疗甲状腺疾病的常用核素药物；锶［89Sr］、来昔决南钐［153Sm］、铼［188Re］等核素药物在骨转移癌的缓解疼痛治疗中也取得了满意的疗效；其他核素药物还有钇［90Y］微球用于肝动脉介入治疗原发性或转移性肝癌；碘［125I］和钯［103Pb］等放射性密封籽源治疗难治性实体肿瘤取得了长足进展；碘［131I］和钇［90Y］等放射性核素标记的单克隆抗体等生物分子药物用于霍金斯淋巴瘤和实体瘤的治疗等。核素药物治疗的靶向性较好、高效、简便、无痛苦且疗效肯定，已成为治疗疾病特别是恶性肿瘤的一种有效手段。

1）云克注射液：是云克药业的独家创新药物，全名为锝［99Tc］亚甲基二膦酸盐注射液，一套药品由 A 剂和 B 剂两瓶物质组成。A 剂为含锝［99Tc］0.05 克的高锝酸钠注射液 5 毫升，B 剂为含亚甲基二膦酸 5 毫克、氯化亚锡 0.5 毫克的冻干粉。使用前，需在无菌操作条件下，将 A 剂注入 B 剂瓶中配制为锝［99Tc］亚甲基二膦酸盐注射液。该药物主要用于治疗类风湿关节炎，同时在强直性脊柱炎等自身免疫性疾病和骨科疾病以及肿瘤骨转移中也有应用，并具有较好的疗效。云克注射液的有效成分是人工微量元素锝［99Tc］与亚甲基二膦酸盐形成的络合物，具有独创的人工微量元素治疗组分和靶向治疗机理，表现为毒副作用少且轻微，消炎镇痛有效率高、疗效维持时间长并具有破骨细胞抑制和骨关节修复作用等特质。云克注射液的有效性和安全性已在十多年的临床应用中得到验证，已逐步成为与类风湿关节炎等自身免疫性疾病及其他骨侵蚀相关的骨科疾病重要的治疗药品。云克注射液含有的锝［99Tc］与核医学科显像剂使用的锝［99mTc］不同，锝［99Tc］是锝元素最稳定的同位素之一，半衰期长达21万多年，放射性比活度较低；药品的放射性剂量水平低于天然本底辐射。环保部门和药监部门都对云克注射液进行了豁免管理，使用及销售云克注射液可以免予办理辐射安全许可证，转让该产品无须办理放射性同位素转让审批及备案手续，使用该产品不作为放射性物质进行管理，如发生丢失或洒漏事件也不作为辐射事故处理；药品按普通处方药管理，可以在未取得《放射性药品使用许可证》的医疗机构内药房及临床科室使用。对云克注射液的豁免管理大大方便了该药物的销售和使用，有利于产品的推广和业务的开拓。

2）碘-125籽源：通用名为碘［125I］密封籽源，其源芯为含有放射性核素碘［125I］的银丝，包壳为高温熔融密封的钛合金管。碘-125籽源是靶向介入治疗肿瘤的高新技术，可用于前列腺癌或不可手术的肿瘤治疗，也可以用于原发性肿瘤切除后残余病灶的植入治疗，已成为治疗多种肿瘤的重要方法。使用放射性粒子植入技术，将碘-125籽源直接植入肿瘤病灶，利用放射性核素碘［125I］释放出的射线对肿瘤细胞进行杀伤，达到治疗的目的。碘-125籽源的组织穿透距离约为1.7厘米，经过合理计算后，能有效杀灭肿瘤并使肿瘤组织周围的正常组织的损伤降到最低；籽源的外包壳使用钛合金，可以有效地防止放射性物质的泄漏，并且钛合金具有很好的生物相容性。多年的临床使用证明，碘-125籽源治疗肿瘤是有效和安全的。

云克药业的主要产品是云克注射液，该产品的收入占历年主营业务收入的比重在90%以上，与此同时，碘-125籽源业务也得到了发展，销售收入由2013年的422.23万元上升到2014年的1605.91万元（见表5.9和表5.10）。

表5.9　云克药业2013~2014年生产能力

2014年				
产品类别	产能	产量	销量	销售收入
云克注射液（万套、万元）	800.00	381.89	370.31	18240.99
碘-125籽源（粒、万元）	150000	58975	57788	1605.91

2013 年				
产品类别	产能	产量	销量	销售收入
云克注射液（万套、万元）	300.00	292.67	287.87	14264.54
碘-125 籽源（粒、万元）	150000	21762	21761	422.23

注：2014 年 1 月，云克注射液的新生产线通过 GMP 认证并投入生产，云克注射液的产能提高到 800 万套/年。

（5）云克药业在研管线情况。云克药业设有专门的研发机构，下设化学与生物研究室、药物研究室，并单独成立了 MIPR 研究团队。建立了相对完善的研发体系，可以完成新药立项、合成、分析、制剂、药理、临床研究和注册申报等一系列核心工作，并可同时开展多个研发项目。化学与生物研究室主要负责药物开发包括药学研究等，负责研发项目的制定、落实、总结及管理等工作；药物研究室主要负责新药研究的临床前安全性评价、临床研究和注册申报，参与新药药学研究，跟踪国内外新药研究动态和发展趋势，为公司提供新药开发的建议；MIPR 研究团队主要负责与医用同位素生产堆相关的研究工作。研发人员共有近 40 人，其中硕士学位及以上的研发人员有 24 人。云克药业是核动力院"核技术及应用"专业博士生培养点，拥有博士生导师 2 人、硕士生导师 5 人。研发人员中有国家药典委员会委员、国家药品审评专家等。云克药业研发队伍人员稳定，多年来未发生核心人员流失的情况。

云克药业的主要产品是云克注射液和碘-125 籽源，药品的核心技术均由研发人员多年研发所得，技术成熟，处于大批量生产阶段；云克注射液的生产技术是云克药业的特有技术，碘-125 籽源的生产技术系云克药业自主开发的成熟技术。云克药业研发团队技术方向为医用放射性核素制备、核素药物研制、类风湿关节炎和骨相关疾病化学药物。

1）医用同位素生产堆（MIPR）及采用 MIPR 生产医用放射性核素项目：放射性核素是核素药物生产的原料和基础，国内的医用放射性核素基本依赖进口，但国际上生产放射性核素的反应堆存在超期服役或者将陆续退役的情况，在市场需求不断增长的情形下，全球医用放射性核素的供应一直处于偏紧的状态。MIPR 是以硝酸铀酰溶液为燃料用于生产医用放射性核素的均匀性水溶液核反应堆，相较现有的反应堆具有突出的优点。该项目由云克药业研发团队与核动力院联合开展方案设计和可行性研究，取得了一系列成果。MIPR 建成后生产的医用放射性核素不但能够满足国内市场需求，而且还能够满足国际市场的部分需求。MIPR 及与之配套的放射性核素生产设施拟由云克药业和核动力院等共同设计、建设和运营。目前该项目已具备开展建设的技术储备，正准备申请国家立项。

2）放射性微球研发项目：放射性微球主要用于肝癌、肺癌、舌癌等恶性肿瘤治疗，云克药业目前正在研究钇［90Y］微球和磷［32P］微球。其中钇［90Y］微球由于钇［90Y］具有较合适的能量和半衰期，其开发的微球对肿瘤有较好的治疗效果，应用广泛。放射性微球在美国和欧洲等国家和地区已经广泛用于肝癌的治疗。而中国是肝癌和肺癌的高发国家之一，每年新增患者众多，因此放射性微球在国内具有巨大的市场。放射性微球在国内尚无产品生产，云克药业自主开发的钇［90Y］微球为具有自主知识产权产品，相较国外的技术具有较大的优越性，能实现进口替代，且面向国内市场，生产和运输更为便利。项目目前已经完成生产线的大部分建设工作和钇［90Y］微球前期的工艺开发，完成了微球的生物安全性评价研究，并获得了两项国家发明专利，正开展临床前研究及申报临床研究的准备工作。

3）90Y 发生器及 90YCl3 溶液研发项目：90Y 是适合于肿瘤治疗的最佳核素之一，由 90Y 发生器生产，用于生物分子标记成肿瘤治疗药物、制备放射性微球等。由于其半衰期较短，国内无供应商，严重阻碍国内相关产品的发展。该项目产品进入市场不仅可以销售 90YCl3 溶液，还可以促进含 90Y 核素药物的发展。云克药业已经完成 90Y 发生器的制备工艺研究和生产线的建设，于 2015 年上市。

4）放射性核素标记生物分子药物及研发平台项目：放射性核素标记生物

分子不仅可以开发创新药物，还可以为新药的药代动力学研究提供工具。云克药业已经开展 90Y 和 131I 等放射性核素标记生物分子的技术研究开发，在标记用放射性核素原料（已完成 90Y 生产技术研究开发）、标记用的偶联剂、标记方法、标记药物的研究方法等各方面具有技术、重要中间体、原料和人才的储备；已与英国 MABICINE TECHNOLOGIES 公司合作，开发用于恶性肿瘤治疗的 90Y 标记 RP215 单克隆抗体药物，完成了 131I-RP215 的标记和初步动物试验。与美国新药合博公司签订了框架合作协议，共同建设放射性核素标记生物分子药物技术研究开发、产业化平台，该平台能为国内外研究机构和企业提供技术研究开发、产品研制及标记服务，促进创新药物的发展。研发平台拟至 2020 年自行开发 1~2 个创新药物，为国内外其他企业开发 2~3 个创新药物，并为国内外企业提供药代动力学研究服务。

5）新型抗骨质疏松药研发项目：该新型抗骨质疏松药是利用云克注射液产品的研究平台，由云克药业自行开发的一种新型抗骨质疏松创新药物，是由研发团队根据现有产品的治疗效果反馈、二磷酸盐类药物的研发进展自行设计、合成的一系列新型化合物。与市场上的主要药物相比，在破骨细胞的抑制方面效果相当，但在成骨细胞的促进方面有较强的增殖作用，结果预示可以有效地治疗骨质疏松，市场前景广阔。该项目已经完成 4 个化合物的合成和 3 个化合物的骨靶向性评价，且已获得国家发明专利一项，并初步完成了化合物的药理、毒理、初步药效学研究。

四、云克药业的估值方法和估值价格

2015 年 4 月 2 日，中天华出具了"中天华资评报字〔2015〕第 1058 号"《评估报告》，本次评估分别采用资产基础法和收益法两种方法对云克药业的股东全部权益价值进行了评估，评估基准日为 2014 年 12 月 31 日，并选取收益法评估结果作为云克药业的最终评估结论。

云克药业母公司净资产权益账面值为 21994.09 万元，资产基础法评估价值为 25876.41 万元，增值额为 3882.32 万元，增值率为 17.65%。收益法评估价值为 145010.10 万元，增值额为 123016.01 万元，增值率为 559.31%。

1. 基础资产法估值

在评估基准日 2014 年 12 月 31 日，云克药业母公司总资产账面值为 24264.03 万元，总负债账面值为 2269.94 万元，净资产账面值为 21994.09 万元；总资产评估值为 28146.35 万元，增值额为 3882.32 万元，增值率为 16.00%；总负债评估值为 2269.94 万元；净资产评估值为 25876.41 万元，增值额为 3882.32 万元，增值率为 17.65%（见表 5.10）。

表 5.10 资产基础法具体评估结果

项目	账面价值（万元）	评估价值（万元）	增减值（万元）	增值率（%）
	A	B	C＝B－A	D＝C/A×100%
流动资产	19584.46	19757.95	173.49	0.89
非流动资产	4679.57	8388.40	3708.83	79.26
长期应收款	665.41	665.41	—	—
长期股权投资	144.03	144.03	—	—
固定资产	1889.12	2307.29	418.17	22.14
在建工程	543.56	543.56	—	—
无形资产	113.38	3404.03	3290.65	2902.32
递延所得税资产	224.07	224.07	—	—
其他非流动资产	1100.00	1100.00	—	—
资产总计	24264.03	28146.35	3882.32	16.00
流动负债	2091.55	2091.55	—	—
非流动负债	178.39	178.39	—	—
负债合计	2269.94	2269.94	—	—
净资产	21994.09	25876.41	3882.32	17.65

其中，对云克药业账面列示的商标和专利技术等无形资产进行了评估，评估金额为 3290.65 万元，增值率为 2902.32%，导致资产基础法评估结果增值较大。

$$V_b = P_0 - I = 25876.41（万元） \tag{5.1}$$

式 5.1 中，V_b 为成本法企业价值，计算结果为 25876.41 万元，其中，P_0

为并购当期企业评估的净资产，I 为商誉在当期中没有商誉，所以为 0。

2. 收益法估值

根据《企业价值评估指导意见（试行）》，确定按照收益途径、采用现金流折现方法（DCF）对股东全部权益价值进行估算。根据本次评估尽职调查情况以及企业的资产构成和主营业务特点，本次评估的基本思路是以企业历史经审计的会计报表为依据估算其股东全部权益价值（净资产），即首先按收益途径采用现金流折现方法（DCF），估算企业的经营性资产的价值，再加上企业报表中未体现对外投资收益的对外长期投资的权益价值及基准日的其他非经营性、溢余资产的价值，得到整体企业价值，并由整体企业价值扣减付息债务价值后，得出企业的股东全部权益价值（净资产）（见表 5.11）。

收益法主要模型采用两阶段模型：

$$V_d = \sum_{i=1}^{n} \frac{R_i}{(1+r)^i} + \frac{R_n}{r(1+R)^n} = 145010.097321(万元) \qquad (5.2)$$

式（5.2）中，V_d 为收益法企业价值，计算结果为 145010.097321 万元，其中，R_i 为未来 5 年的预期收益，R_n 为未来第 n 年及以后永续等额预期收益，r 为折现率，n 为未来预测收益期。

3. 市场法估值

$$V_c = (P_b \times P_0 + P_e \times E_0 + P_s \times S_0)/3$$
$$= (4.21 \times 21772.10 + 35.55 \times 7397.62 + 4.26 \times 19846.9)/3$$
$$= 146378.98(万元) \qquad (5.3)$$

式（5.3）中，V_c 为市场法企业价值，计算结果为 146378.98 万元；其中 P_b 为 2013～2019 年医药行业加权平均市净率 4.21 倍；P_e 为 2013～2019 年医药行业加权平均市盈率 35.55 倍；P_s 为 2013～2019 年医药行业加权平均市销率 4.26 倍；P_0 为云克 2014 年度企业净资产 21772.10 万元；E_0 为云克 2014 年度企业净利润 7397.62 万元；S_0 为云克 2014 年度企业销售收入 19846.9 万元（见表 5.12）。

表 5.11　2015～2021 年连续预测期的收益预测和现金流量预测

单位：元

项目名称	预测数据						
	2015 年	2016 年	2017 年	2018 年	2019 年	2020 年	2021 年至永续
营业收入	259818715.06	326970862.48	395359654.11	456606001.12	502246218.91	531847970.21	531847970.21
减:营业成本	23726827.80	30328935.22	37305251.18	43492074.35	47837294.96	50547546.49	50547546.49
营业税金及附加	5288563.97	6651601.09	8037677.85	9279491.30	10207042.89	10809524.19	10809524.19
销售费用	94749437.13	118436796.42	142124155.70	163442779.05	179787056.96	190574280.38	190574280.38
管理费用	22979552.63	28312614.08	33645675.53	38445430.84	42125243.24	44553919.42	44553919.42
财务费用	3859370.31	2779793.88	2830985.33	2535320.57	1889297.71	1225378.04	—
减值损失	—	—	—	—	—	—	—
加:公允价值变动收益（损失以"—"填列）	—	—	—	—	—	—	—
投资收益（损失以"—"填列）	—	—	—	—	—	—	—
营业利润	109214963.22	140461121.79	171415908.51	199410905.01	220400283.15	234137321.68	235362699.73
加:营业外收入	—	—	—	—	—	—	—

续表

项目名称	预测数据						
	2015 年	2016 年	2017 年	2018 年	2019 年	2020 年	2021 年至永续
减：营业外支出	—	—	—	—	—	—	—
利润总额	109214963.22	140461121.79	171415908.51	199410905.01	220400283.15	234137321.68	235362699.73
所得税费用	16971935.68	21499619.41	26153212.55	30310539.08	33363902.90	35326098.68	58876831.13
净利润	92243027.54	118961502.38	145262695.96	169100365.92	187036380.25	198811223.01	176485868.60
加：实际利息支出	—	—	—	—	—	—	—
折旧及摊销	4799872.36	4799872.36	4799872.36	4799872.36	4799872.36	4799872.36	4799872.36
资产减值准备	3859370.31	2779793.88	2830985.33	2535320.57	1889297.71	1225378.04	—
公允价值变动损失（收益以"—"填列）							
减：资本性投入	8766234.00	2400000.00	1900000.00	1900000.00	2056000.00	1900000.00	4767232.36
营运资金追加	44274555.98	46355760.34	46877023.48	42061366.97	31692619.05	20697610.14	—
营业净现金流量	44002109.93	75005614.41	101285544.85	129938871.32	158087633.57	181013485.23	176518508.60

表 5.12　医药行业 2012~2018 年 PE/PB/PS 平均数据

医药行业（整体法）	2018 年	2017 年	2016 年	2015 年	2014 年	2013 年	2012 年
PB 市净率	2.71	4.16	4.52	6.00	4.38	4.21	3.55
PS 市销率	2.86	4.71	5.10	6.19	4.01	3.72	3.21
PE 市盈率	22.87	35.43	38.87	51.02	36.10	34.54	30.05

注：有效样本的条件：剔除样本中的负值。

资料来源：基于沪深交易所和 Wind 数据库披露的医药上市公司，采用整体法取值（总利润/总市值）。

基于企业生命周期和商业模式的医药企业估值模型为：

$$V_a = V_{a1} + V_{a2} + V_{a3}$$

$$V_{a1} = Q \times S \times F \times T_c, \quad T_c = 0.8$$

$$V_{a2} = Q \times S \times F \times T_c, \quad T_c = 0.2$$

$$V_{a3} = Q \times S \times F \times T_c \times \beta, \quad T_c = 0.8 \tag{5.4}$$

式中，V_a 为企业价值，计算结果为 77001.8 万元。

其中，V_{a1} 为专利期产品价值 53081.6 万元；Q 为云克注射液患者预测数量 54.6 万人（由于云克注射液主要治疗类风湿关节炎，全球发病率为 0.05%~0.1%，我国大陆发病率为 0.042%）；碘-125 籽源患者预测数量 5.668 万人（由于碘-125 籽源主要治疗前列腺癌或不可手术的肿瘤治疗，据全国肿瘤防治办公室的统计数据，我国大陆前列腺癌的发病率为 0.436%，按我国人口 13 亿人计算）；S 为云克按照 12 个月的治疗期计算单体客户预测费 0.4 万元，碘-125 籽源按照 12 个月的治疗期计算单体客户预测费用 2 万元；F 为预计市场份额数，取值 20% 假设；T_c 为行业产品平均利润率专利期，取值为 80%。V_{a2} 为非专利期产品价值，目前没有，取值为 0 元。V_{a3} 为在研管线产品价值 23920.2 万元；其中医用同位素生产堆（MIPR）具有技术储备处于国家立项阶段，其估值难以量化本案例中不做计量，取值为 0；Q 为放射性微球患者预测数量 52.1 万人（由于放射性微球主要用于肺癌等恶性肿瘤治疗，根据《中国恶性肿瘤学科发展报告（2017 年）》的肺癌患者数据为 52.1 万人），90Y 标记 RP215 单克隆抗体药物患者预测数量为 392.9 万人（由于 90Y 标记 RP215 单克隆抗体药物主要治疗恶性肿瘤，据全国肿瘤防治办公室的统计数据，2015 年恶性肿瘤发病约 392.9 万人计算），新型抗骨质疏松药研发项目患者预测数量为 16000 万人（中国疾控中心发布的数据显示我国骨质疏松患者已达 1.6 亿人）；S 为放射性微球与 90Y 标记 RP215 单克隆抗体药物治疗期单体客户预测费为 6 万元（《柳叶刀》2014 年统计单体中国癌症患者的人均就诊支出共计 9739 美元），新型抗骨质疏松药治疗期计算单体客户预测费用为 0.2 万元；F 为放射性微球与 90Y 标记 RP215 单克隆抗体药物预计市场份额数取值 1% 假设，新型抗骨质疏松药市场份额数取值 0.1%；T_c 为行业产品平均利润率在研管线有可能获得专利权取值 80%；β 为风险参数新药研发的成功率 10% 假设。

统计上文形成价值区间如表 5.13 所示。

表 5.13　计算结果　　　　　　　　　　单位：万元

V_a	V_b	V_c	V_d
77001.8	25876.41	146378.98	145010.1

五、可调节估值模型比较分析

1. 代入可调节估值模型计算估值

$$D_0 = (V_a + V_b + V_c + V_d)/4 = 98566.62(万元)$$

$$M = \max\{V_a, V_b, V_c, V_d\}$$

$$N = \min\{V_a, V_b, V_c, V_d\}$$

$$D = (E_1 + E_2 + E_3)/3 \times \frac{D_0}{E_0} = 171022.29(万元)$$

$$\widehat{D} = \begin{cases} M, & D \in [M, +\infty) \\ D, & D \in (N, M) = 146378.98(万元) \\ N, & D \in (-\infty, N] \end{cases} \qquad (5.5)$$

式中，$\widehat{D}$ 为实际执行价格 146378.98 万元，D_0 为当期年预执行价格 98566.62 万元，M 为取最大值 146378.98 万元，N 为取最小值 25876.41 万元，E_0 为并购当期 2014 年企业净利润 7397.62 万元，E_1、E_2、E_3 为业绩承诺期 3 年实际净利润（见表 5.14）。

表 5.14　业绩承诺及完成情况

项目	2015 年	2016 年	2017 年
业绩承诺（万元）	10000	12200	14600
实际完成（万元）	10420.01	13447.62	14639.34
完成率（%）	104.2	110.2	100.27

2. 东诚药业并购云克药业最终实际并购价格

按照并购协议约定，业绩承诺方超额完成承诺期业绩，不需要补偿业绩承诺也无相对应的奖励机制，所以东诚药业并购云克药业最终实际并购价格为 145010.1 万元。

3. 比较分析

从前文的计算数据来看，按照估值区间可调节模型，在超额完成业绩承诺的基础上的执行价格为 146378.98 万元，比实际按照收益法评估的执行价格 145010.1 万元，多出 1368.88 万元，说明在使用多种估值方法时以及业绩超额完成的前提下，被并购方能够更多地获得收益，而并购方也未付出过多的价格。

第二节　业绩承诺未达标的并购估值案例分析

金城医药于 2015 年 11 月公告并购北京朗依制药，标的公司朗依制药主营业务为化学合成制药的生产和销售，拥有 23 个药品批文、8 个产品剂型，主要产品涵盖妇科类、调节免疫类、抗过敏类、心血管类等。

一、金城医药并购朗依制药的流程概述

1. 并购方：金城医药简介

金城医药成立于 2004 年 1 月 12 日，成立时注册资本 1000 万元。2011 年 6 月 2 日，中国证监会以证监许可〔2011〕857 号文《关于核准山东金城医药化工股份有限公司首次公开发行股票并在创业板上市的批复》核准公司公开发行不超过人民币普通股（A 股）3100 万股；2011 年 6 月 22 日，首次公开发行的 3100 万股股票在深交所上市交易。该次公开发行后，公司股本总数增加至 121000000 股，公司注册资本增加至 12100 万元，其中社会公众股为 3100 万元。金城医药的控股股东、实际控制人系赵鸿富、赵叶青。

金城医药是以三、四代头孢类医药中间体、特色原料药、生物制药等为主业的科研生产企业，已发展成为国内最大的头孢抗生素侧链中间体生产厂商和重要的生物制药生产基地。主导产品有 AE-活性酯、头孢他啶活性酯、呋喃铵盐、谷胱甘肽、头孢克洛分散片等 50 余种。公司一直把创新作为企业发展的源动力，始终将"持续加大科技投入、推动科技创新、打造科技竞争力"作为企业发展的中心战略。公司积极实践内涵式发展、外延式扩张和投资并购三种发展方式，着力将公司打造成"科技化、生态化、规范化、品牌化、国际化"的主流市场一流的现代化医药健康产业集团。

2. 被并购方：朗依制药简介

2003 年 7 月 10 日，北京朗天投资有限公司、北京颐海康利医药有限公司、杨军、陈义龙、袁西安签署《北京新里程药业有限公司章程》，各方共同出资设立新里程药业，其中北京朗天投资有限公司出资 800 万元、北京颐海康利医药有限公司出资 197 万元、杨军出资 1 万元、陈义龙出资 1 万元、袁西安出资 1 万元。截止到 2015 年 2 月 12 日，北京市工商局朝阳分局向朗依制药换发《企业法人营业执照》。本次变更完成后，朗依制药的股权结构如表 5.15 所示。

表 5.15　朗依制药股权结构

股东名称	出资额（万元）	出资方式	出资比例（%）
锦圣基金	3200	货币	80
达孜创投	800	货币	20
合计	4000		100

朗依制药生产的妇科用药主要是硝呋太尔系列产品，包括两个品种：硝呋太尔制霉素阴道软胶囊（外用类复合制剂）、硝呋太尔胶囊（口服胶囊剂）。该系列品种为妇科感染性疾病药物，由于疗效显著、副作用低和妇女孕期可用的优点，一直是妇科用药的主要品种之一。硝呋太尔原料药的生产厂家共有 8 家；硝呋太尔制霉素外用药的生产厂家共有 4 家，而硝呋太尔口服胶囊剂的生产厂家只有 3 家，竞争相对不激烈，而且朗依制药同时拥有原料药、外用软胶囊和口服胶囊剂的生产资质，品类齐全，成本方面也具有一定优势。

朗依制药生产的调节免疫用药主要是调节免疫制剂匹多莫德分散片，朗依制药同时拥有该产品原料药和口服制剂的生产资质，并且公司的产品剂型为分散片，目前属于独家剂型。除了上述在售产品，朗依制药目前还拥有抗过敏用药盐酸依匹斯汀和抗高血压用药富马酸比索洛尔原料药及胶囊剂等一批具有一定市场潜力的药品生产资质，但受限于产能和原料药的供给不足，没有进行生产。本次交易完成后，朗依制药可借助上市公司在资本市场募集资金的优势，通过扩大产能和增加原料药生产的形式，根据市场需求适时投产以上具有市场潜力的制剂品种。

朗依制药主营业务为化学合成制药的生产和销售，拥有 23 个药品批文，8 个产品剂型，主要产品涵盖妇科类、调节免疫类、抗过敏类、心血管类等。朗依制药目前的主要产品包括硝呋太尔制霉素阴道软胶囊（商品名：朗依）、硝呋太尔胶囊（商品名：左通）、匹多莫德分散片（商品名：唯田）三个品种。

3. 并购交易目的

本次交易进一步提升金城医药的盈利能力，构建新的业务增长点，实现公司盈利水平进一步提升。国内目前药品领域新产品的研发周期较长，投入费用高，金城药业自原料药领域向制剂领域转型，自主研发新产品短时间内难以满足公司快速发展需要。金城医药并购的朗依制药合计持有多项药品注册和再注册批件，部分药品具有良好的疗效和市场竞争力，通过本次并购，可以在短时间内获得标的资产具有核心竞争力的优势产品，丰富公司制剂产品品种，进一步增强公司在医药领域的核心竞争力，同时通过向妇科用药、调节免疫用药等领域的跨越，也有利于防范和化解公司目前产品领域较为集中的风险。

朗依制药的主要产品之一调节免疫用药匹多莫德，金城医药目前正在申报该品种的原料药批文。金城医药在原料药的生产管理水平上较标的公司朗依制药水准更高，而朗依制药则在市场上有了成熟的销售渠道和良好的市场声誉，重组完成后，双方各自发挥自身优势，能起到很好的战略协同效应。

实现产业链互补，改变收入结构，增加收入来源。金城医药可与朗依制药在产业链环节形成优势互补，金城医药在产业链上游的医药中间体和原料药方面拥有领先优势，并且在生产工艺、环保排污以及产品研发方面具备较强的竞争力。而朗依制药在原料药生产方面不具备优势，目前北京原料药车间生产工艺有待改善，且产量仅供自用，不对外销售；同时公司拥有硝呋太尔、匹多莫德、富马酸比索洛尔等重要原料药品注册批件，在药品注册批件方面相比其他厂商优势明显。

二、并购交易方案及补偿机制概要

1. 并购交易方案

本次交易包括两部分：发行股份购买资产和发行股份募集配套资金。金城医药通过非公开发行股份的方式向锦圣基金、达孜创投购买其合计持有的朗依制药100%股权。同时，公司拟向控股股东金城实业非公开发行股份募集配套资金，用于建设朗依制药沧州分公司原料药项目二期、偿还银行贷款和补充流动资金。具体内容如下：

（1）金城医药采用发行股份购买资产的方式，向锦圣基金、达孜创投购买朗依制药 100%股权，交易价格为 200000.00 万元。根据《股份认购协议》，同时向控股股东金城实业非公开发行股份募集配套资金总额 30000.00 万元，不超过拟购买资产交易价格的 100%，其中补充流动资金的比例不超过募集配套资金的 50%。本次交易中非公开发行股份收购资产与募集配套资金互为条件同时生效。本次交易完成后，金城医药的实际控制人仍为赵鸿富、赵叶青，金城医药的实际控制人未发生变更。

（2）本次重组中发行股份购买资产的股份发行价格为定价基准日前 120 个交易日均价的 90%，即 31.13 元/股，本公司发行股份募集资金的发行价格为定价基准日前 20 个交易日均价的 90%，即 36.24 元/股。因公司于 2015 年 5 月 19 日进行除权除息，向全体股东按每 10 股派发现金红利 3.00 元人民币；并于 2015 年 9 月 17 日进行除权，以资本公积金向全体股东每 10 股转增 10 股。因此，公司本次发行股份购买资产的发行价格为 15.42 元/股。

（3）根据《发行股份购买资产协议》的约定，达孜创投持有的本次交易对价股份自发行结束日起 12 个月内不得转让，12 个月后按照中国证监会和深交所的有关规定及要求执行；金城实业通过锦圣基金间接持有的本次交易的对价股份，自本次发行结束之日起 36 个月内不得转让。

2. 业绩承诺及补偿机制

（1）业绩承诺期限及补偿期限：达孜创投、杨军、韩秀菊及锦圣基金同意并承诺，朗依制药 2015 年、2016 年、2017 年及 2018 年应予实现的归属于母公司股东且扣除非经常性损益及企业所得税后的净利润（以下简称承诺净利润）分别不低于 15600 万元（含本数）、7100 万元（含本数）、18720 万元（含本数）和 22464 万元（含本数）。

（2）补偿触发条件：在承诺期间内，若标的公司当年经审计的实际净利润小于当期承诺的净利润，则达孜创投按照本协议相关条款约定履行补偿义务。在本次交易承诺期间内的每一个会计年度结束后，金城医药应聘请且经达孜创投认可的具有相关证券业务资格的会计师事务所审计确认朗依制药于该会计年度的完成的实际净利润。

（3）补偿的方式及实施：业绩承诺补偿方式为现金补偿。若标的公司在承诺期间内任一会计年度经审计的实际净利润未能达到当期承诺净利润，则金城医药应当在当期专项审计报告披露后的 10 个交易日内以书面形式通知达孜创投；达孜创投在收到金城医药的书面通知后 10 日内，应按照承诺期间当年承诺净利润与当年经审计的实际净利润差额的 1.5 倍向金城医药支付补偿。但尽管有前述约定，如该年度标的公司经审计的实际净利润高于该年度的承诺净利润，则超额部分可与后续年度标的公司经审计的净利润累加，该累加金额视同标的公司在后续相应年度实际实现的净利润数。达孜创投履行完毕本协议项下的全部补偿义务之后，质押协议各方应根据质押协议的约定到中登公司申请解除股份质押登记手续。如达孜创投不履行或未完全履行本协议项下的补偿义务，则质权人有权根据质押协议的约定处置质押股份后对金城医药进行补偿。

如达孜创投及其连带责任方杨军及韩秀菊在金城医药发出的书面缴款通知发出之日起 3 个月内因任何原因（包括被吊销、自行解散或注销、死亡、丧失或部分丧失行为能力、丧失清偿能力、无可供执行资产等）未能补偿或全额补偿当期应补偿金额的，各方同意自上述 3 个月期满之日起即视为达孜创投履行不能，为免疑义，达孜创投履行不能即指达孜创投及杨军、韩秀菊未能补偿或全额补偿其当期应补缴金额，且锦圣基金无条件同意作为第二顺位补偿义务人就达孜创投当期未能补偿的金额开始履行其当期的现金补偿义务。金城医药有权以书面形式通知锦圣基金履行其当期现金补偿义务，该书面通知应包含达孜创投当期以现金或实现质押方式已补偿金额及锦圣基金当期应补偿金额。

锦圣基金当期应补偿金额＝当期应补偿金额总额－达孜创投、韩秀菊及杨军根据《业绩承诺补偿协议》当期已向上市公司补偿及履行保证责任的现金总额＝（截至当期期末累积承诺净利润－截至当期期末累积实际净利润）×1.5 倍－达孜创投、韩秀菊及杨军根据《业绩承诺补偿协议》当期已向上市公司补偿及履行保证责任的现金总金额。

（4）实际业绩完成情况：根据 2016 年、2017 年、2018 年公告，可以看出朗依制药的业绩承诺方未完成业绩承诺，业绩承诺及完成情况如表 5.16 所示。

表 5.16　业绩承诺及完成情况

项目	2015 年	2016 年	2017 年	2018 年
业绩承诺（万元）	15600.00	7100.00	18720.00	22464.00
实际完成（万元）	15702.44	7493.01	18846.58	10800.34
完成率（%）	100.66	105.54	100.68	48.08

三、朗依制药的财务状况及无形资产

1. 经审计的主要财务数据

主要财务数据如表 5.17～表 5.19 所示。

表 5.17　资产负债表主要数据　　　　　单位：万元

项目	2015 年 6 月 30 日	2014 年 12 月 31 日	2013 年 12 月 31 日
资产总计	27811.53	41051.67	42425.26
负债合计	4100.59	23591.18	19104.16
所有者权益合计	23710.94	17460.49	23321.10
少数股东权益	—	—	—
归属于母公司所有者权益合计	23710.94	17460.49	23321.10

表 5.18　利润表主要数据　　　　　单位：万元

项目	2015 年 1~6 月	2014 年	2013 年
营业收入	12688.51	29339.10	25266.84
营业利润	7434.26	27917.15	13877.52
利润总额	7364.07	27853.49	13946.29
净利润	6250.45	25625.43	12247.06
归属于母公司所有者的净利润	6250.45	25625.43	12247.06

<table>
<tr><td colspan="4" align="center">表 5.19　现金流量表主要数据　　　　　　单位：万元</td></tr>
</table>

项目	2015 年 1~6 月	2014 年	2013 年
经营活动产生的现金流量净额	6563.71	11481.18	4615.57
投资活动产生的现金流量净额	−2405.50	7433.78	5400.97
筹资活动产生的现金流量净额	−2872.19	−20287.76	−8561.50
现金及现金等价物净增加额	1286.03	−1372.80	1455.04

2. 除土地所有权外的主要无形资产

（1）朗依制药共拥有 28 项注册商标，朗依制药共拥有 7 项注册专利，具体情况如表 5.20 所示。

表 5.20　专利目录

专利权人	专利类别	专利名称	专利号	申请日期	变更日期
朗依制药	发明	一种用于治疗阴道疾病的药物组合物	200610072090.0	2006 年 4 月 10 日	2015 年 3 月 19 日
朗依制药	发明	一种治疗外阴和/或阴道疾病的药物组合物	200610072091.5	2006 年 4 月 10 日	2015 年 3 月 19 日
朗依制药	发明	一种治疗外阴和/或阴道感染疾病的药物组合物	200610072089.8	2006 年 4 月 10 日	2015 年 3 月 19 日
朗依制药	发明	一种用于治疗阴道疾病的药物组合物	200610057867.6	2006 年 3 月 1 日	2015 年 3 月 19 日
朗依制药	外观设计	包装盒（硝呋太尔制霉素阴道软胶囊）	201130318979.4	2011 年 9 月 13 日	未发生变更
朗依制药	发明	一种盐酸依匹斯汀的制备方法	201310080043.0	2013 年 3 月 13 日	2015 年 3 月 9 日
朗依制药	发明	一种用于治疗心血管疾病的药物组合物	200610065531.4	2006 年 3 月 20 日	2015 年 3 月 12 日

（2）朗依制药拥有的经营权许可证主要为药品生产许可证、GMP 证书、药品注册批件，截至本报告书签署日，上述经营权许可证的具体情况如下：

药品生产许可证：朗依制药目前持有北京市药品监督管理局于 2015 年 9 月 25 日核发的《药品生产许可证》（编号：京 20100218），有效期至 2015 年

12 月 24 日。核准的生产地址和生产范围为：北京市朝阳区管庄乡双桥路 559 号-片剂（含激素类），硬胶囊剂，软胶囊剂（含激素类），颗粒剂，散剂，喷雾剂，栓剂，软膏剂（含激素类），乳膏剂（含激素类），原料药（氯喹那多普罗雌烯）；北京市顺义区龙湾屯镇焦庄户村东路 1 号-原料药（硝呋太尔、蒙脱石、氯诺昔康、氯喹那多、盐酸克林霉素棕榈酸酯、富马酸比索洛尔、匹多莫德、盐酸辛可卡因）。北京市顺义区北务镇龙塘路南侧北京北方印刷产业基地中心路 5 号-片剂，硬胶囊剂、软胶囊剂、散剂。

药品生产质量管理规范（GMP）证书、药品注册批件，根据公司提供的药品注册批件（包括再注册批件、补充批件）、药品品种目录等文件及公司的说明，朗依制药目前持有的药品注册批件 23 个。

四、朗依制药的估值方法和估值价格

中京民信（北京）资产评估有限公司接受山东金城医药化工股份有限公司的委托，根据有关法律法规和资产评估准则，遵循独立、客观、公正的原则，采用成本法（资产基础法）和收益法。标的资产的交易价格以中京民信出具的《资产评估报告》（京信评报字〔2015〕第 333 号）的评估结果作为定价依据。此次资产评估的评估对象为北京朗依制药有限公司股东全部权益价值，评估范围为北京朗依制药有限公司的全部资产和负债。评估基准日为2015 年 6 月 30 日，并选取收益法评估结果作为朗依制药的最终评估结论。

评估机构中京民信对朗依制药分别采用收益法和资产基础法进行评估：朗依制药净资产账面价值为 23710.94 万元；采用资产基础法评估，净资产评估值为 65677.67 万元，评估增值 41966.73 万元，增值率为 177%；采用收益法评估，朗依制药股东全部权益价值为 201715.51 万元，评估增值 178004.57 万元，增值率为 750.73%。

1. 基础资产法估值

在评估基准日持续经营假设前提下，朗依制药总资产账面价值为

27811.53 万元，负债账面价值为 4100.59 万元，净资产账面价值为 23710.94 万元。采用资产基础法评估后的总资产为 69778.26 万元，负债为 4100.59 万元，净资产为 65677.67 万元，评估增值 41966.73 万元，增值率为 177%。

由表 5.21 可知，资产基础法下主要增值科目为无形资产。无形资产评估增值主要是朗依制药拥有的土地使用权、专利、商标和药品注册批件评估增值。

表 5.21 资产基础法评估结果汇总

项目	账面价值（万元）	评估价值（万元）	增减值（万元）	增值率（%）
	A	B	C=B-A	D=C/A×100%
流动资产	8903.31	10863.95	1960.64	22.02
非流动资产	18908.22	58914.31	40006.09	211.58
其中：可供出售金融资产	—	—	—	—
持有至到期投资	—	—	—	—
长期应收款	—	—	—	—
长期股权投资	—	—	—	—
投资性房地产	—	—	—	—
固定资产	619.97	622.16	2.19	0.35
在建工程	12889.00	12889.00	—	—
工程物资	—	—	—	—
固定资产清理	—	—	—	—
生产性生物资产	—	—	—	—
油气资产	—	—	—	—
无形资产	3799.86	43803.76	40003.90	1052.77
开发支出	—	—	—	—
商誉	—	—	—	—
长期待摊费用	—	—	—	—
递延所得税资产	18.81	18.81	—	—
其他非流动资产	1580.58	1580.58	—	—
资产总计	27811.53	69778.26	41966.73	150.90

续表

项目	账面价值（万元）A	评估价值（万元）B	增减值（万元）C=B−A	增值率（％）D=C/A×100%
流动负债	3908.29	3908.29	—	—
非流动负债	192.30	192.30	—	—
负债合计	4100.59	4100.59	—	—
净资产（所有者权益）	23710.94	65677.67	41966.73	176.99

土地使用权增值的主要原因为朗依制药位于顺义区北务镇自有土地增值。该自有土地于2010年初取得，土地使用权原始入账价值3124.96万元，账面价值为2781.21万元，评估值为3956.36万元，评估增值1175.15万元，增值率为42.25%。由于近年来北京地区土地市场涨幅较大，导致土地价格有较大幅度的增加。

根据专利、商标和药品注册批件的特点、使用和收益情况的分析，本次评估采用收益现值法中的净利润分成率法对上述无形资产进行评估，考虑被评估专利、商标和药品注册批件在未来的预期收益，并采用适宜的折现率折算成现值，评估值分别为3011.02万元、11895.23万元和23917.38万元。

$$V_b = P_0 - I = 65677.67 （万元） \tag{5.6}$$

式（5.6）中，V_b为成本法企业价值，计算结果为65677.67万元，其中P_0为并购当期企业评估值，I为商誉在当期中没有商誉，所以为0。

2. 收益法估值

根据《企业价值评估指导意见（试行）》，确定按照收益途径、采用现金流折现方法（DCF）对股东全部权益价值进行估算。根据本次评估尽职调查情况以及企业的资产构成和主营业务特点，本次评估的基本思路是以企业历史经审计的会计报表为依据估算其股东全部权益价值（净资产），即首先按收益途径采用现金流折现方法（DCF），估算企业的经营性资产的价值，再加上企业报表中未体现对外投资收益的对外长期投资的权益价值，以及基准日的其他非经营性、溢余资产的价值，得到整体企业价值，并由整体企业价值扣减付息债务价值后，得出企业的股东全部权益价值（净资产）（见表 5.22）。

表 5.22　2015~2020 年连续预测期的收益预测和现金流量预测　单位：万元

项目	2015 年 7~12 月	2016 年	2017 年	2018 年	2019 年	2020 年
一、营业收入	21055.57	42166.67	45961.67	49362.83	52028.43	53589.28
其中：主营业务收入	21055.57	42166.67	45961.67	49362.83	52028.43	53589.28
减：营业成本	5218.73	12047.56	10957.42	10930.42	11520.67	11866.29
其中：主营业务成本	5218.73	12047.56	10957.42	10930.42	11520.67	11866.29
营业税金	263.51	659.78	763.26	833.08	878.06	904.4
营业费用	2446.87	4510.57	4713.37	4887.63	5019.50	5094.73
管理费用	2069.41	3000.48	3184.62	3334.81	3462.87	3557.32
财务费用	2.56	5.06	5.52	5.92	6.24	6.43
二、营业利润 （亏损以"—"填列）	10934.49	21943.22	26337.48	29370.96	31141.09	32160.11
三、利润总额 （亏损总额以"—"填列）	10934.49	21943.22	26337.48	29370.96	31141.09	32160.11
减：所得税费用	1564.80	3196.61	3847.21	4294.58	4554.10	4703.44
四、净利润 （净亏损以"—"填列）	9369.69	18746.61	22490.27	25076.39	26586.99	27456.67
加：折旧及摊销	114.49	813.02	1411.22	1411.22	1411.22	1411.22
减：资本性支出—北务工程	1343.26	378.87	—	—	—	—
减：资本性支出—沧州工程	7014.26	1978.38	—	—	—	—
减：营运资金增加额	1268.85	1347.61	607.2	544.19	426.49	249.74
五、营业现金流量	-22.18	15854.76	23294.29	25943.42	27571.72	27206.93
预测期自由现金流量折现值	-21.53	14060.63	18320.58	18095.14	17054.68	14924.65
永续期自由现金流量折现值	—	—	—	—	—	118037.99
加：非经营性资产	—	—	—	—	—	23.91
加：其他资产	—	—	—	—	—	18.81
减：非经营性负债	—	—	—	—	—	37.48

项目	2015 年 7~12 月	2016 年	2017 年	2018 年	2019 年	2020 年
加：溢余资产	—	—	—	—	—	1238.12
评估值	—	—	—	—	—	201715.51

朗依制药所处行业为化学药制剂行业，经营范围涵盖原料药的生产与销售，多种制剂的加工、制造与销售。主要产品涵盖妇科类、调节免疫类、抗过敏类、心血管类等，是集药品研发、生产、市场营销于一体的完整产业链的高新技术制药企业。考虑目前的经营能力、扩产计划和市场需求变化，朗依制药的预测期为 2015 年 6 月至 2020 年 12 月。2020 年以后各年均保持 2020 年的水平不变。

收益法主要模型采用两阶段模型：

$$V_d = \sum_{i=1}^{n} \frac{R_i}{(1+r)^i} + \frac{R_n}{r(1+R)^n} = 201715.51（万元） \tag{5.7}$$

式（5.7）中，V_d 为收益法企业价值，计算结果为 201715.51 万元，R_i 为未来 5 年的预期收益，R_n 为未来第 n 年及以后永续等额预期收益，r 为折现率，n 为未来预测收益期。

3. 市场法估值

$$V_c = (P_b \times P_0 + P_e \times E_0 + P_s \times S_0)/3$$
$$= (4.21 \times 23710.94 + 35.55 \times 25625.43 + 4.26 \times 29339.10)/3$$
$$= 378597.22（万元） \tag{5.8}$$

式（5.8）中，V_c 为市场法企业价值，计算结果为 378597.22 万元；P_b 为 2013~2019 年医药行业加权平均市净率 4.21 倍；P_e 为 2013~2019 年医药行业加权平均市盈率 35.55 倍；P_s 为 2013~2019 年医药行业加权平均市销率 4.26 倍；P_0 为云克 2014 年度企业净资产 23710.94 万元；E_0 为云克 2014 年度企业净利润 25625.43 万元；S_0 为云克 2014 年度企业销售收入 29339.10 万元。

表 5. 23　医药行业 2012~2018 年 PE/PB/PS 平均数据

医药行业 （整体法）	2018 年	2017 年	2016 年	2015 年	2014 年	2013 年	2012 年
PB 市净率	2.71	4.16	4.52	6.00	4.38	4.21	3.55
PS 市销率	2.86	4.71	5.10	6.19	4.01	3.72	3.21
PE 市盈率	22.87	35.43	38.87	51.02	36.10	34.54	30.05

注：有效样本的条件：剔除样本中的负值。

资料来源：基于沪深交易所和 Wind 数据库披露的医药上市公司，采用整体法取值（总利润/总市值）。

4. 基于企业生命周期和商业模式的医药企业估值模型

朗依制药的产品中，妇科用药硝呋太尔制霉素阴道软胶囊（朗依）和调节免疫用药匹多莫德分散片（唯田）是朗依制药目前主要的收入来源，其主要消费群体分别为妇科感染患者和免疫力低下的呼吸道感染、中耳炎、泌尿感染和妇科感染患者。目前这两个产品都属于原料药，属于非专利期产品。

$$V_a = V_{a1} + V_{a2} + V_{a3}$$
$$V_{a1} = Q \times S \times F \times T_c，\ T_c = 0.8$$
$$V_{a2} = Q \times S \times F \times T_c，\ T_c = 0.2$$
$$V_{a3} = Q \times S \times F \times T_c \times \beta，\ T_c = 0.8 \tag{5.9}$$

式（5.9）中，V_a 为企业价值，计算结果为 33272 万元；V_{a1} 为专利期产品价值 0；V_{a2} 为非专利期产品价值 33272 万元；Q 为匹多莫德分散片患者预测数量 536.67 万人（根据米内网的数据 2010~2014 年重点城市公立医院免疫刺激剂类产品销售金额从 29.3 亿元增长到 51.34 亿元，年均复合增长率为 15.05%，2014 年度朗依制药的产品在重点城市公立医院匹多莫德市场中占有率为 31.36% 计算）；硝呋太尔制霉素阴道软胶囊患者预测数量 26.8 万人（根据国家药监局统计，目前硝呋太尔原料药及硝呋太尔制剂的主要厂商共有 8家，硝呋太尔胶囊剂唯一的生产厂家是朗依制药，硝呋太尔制霉素阴道软胶囊制剂厂家有 3 家。2010~2014 年我国重点城市公立医院妇科抗感染用药规模从

1.4 亿元增长到 1.89 亿元，复合增长率为 7.72%。2010～2014 年，硝呋太尔制霉素制剂在重点城市公立医院的销售金额从 2897.68 万元增长到 5359.96 万元，年均复合增长率为 16.62%。北京朗依的硝呋太尔制霉素软胶囊 2014 年市场份额为 52.87%）；S 为匹多莫德分散片按照 12 个月的治疗期计算单体客户预测费 300 元，硝呋太尔制霉素阴道软胶囊按照 12 个月的治疗期计算单体客户预测费用 200 元；F 为预计市场份额数取值假设（根据统计数据的市场份额计算，不再进行假设）；T_e 为行业产品平均利润率非专利期取值为 20%（见表 5.24～表 5.26）；V_{a3} 为在研管线产品价值 0，朗依制药没有单独的研发团队，产品为第三方研发，目前也没有在研管线产品。

表 5.24　2014 年朗依制药主要产品情况

产品名称	产能（万元）	期初库存（万元）	产量（万元）	销量（万元）	期末库存（万元）	产能利用率（%）	产销率（%）
匹多莫德分散片（唯田）	12500000	739471	9050374	9238000	551845	72.40	102.07
硝呋太尔制霉素阴道软胶囊（朗依 6 粒）	13000000	777104	10887815	11148600	516319	83.75	102.40
硝呋太尔胶囊（左通 28 粒）	6428571	340983	4631602	4699800	272785	72.05	101.47
其他	—	2270289	3085208	4996908	358589	—	161.96
合计	—	4127847	27654999	30083308	1699538	—	108.78

表 5.25　朗依制药主要产品销售情况

产品名称	指标	2015 年 1～6 月	2014 年	2013 年
匹多莫德分散片（唯田 8 片）	平均销售价格（元/盒）	13.45	14.28	14.89
	销售收入（万元）	6838.06	13193.62	9839.00
	销售收入占总比（%）	53.89	44.97	38.94

续表

产品名称	指标	2015 年 1~6 月	2014 年	2013 年
硝呋太尔制霉素阴道 软胶囊(朗依 6 粒)	平均销售价格(元/盒)	8.78	8.91	8.99
	销售收入(万元)	3822.10	9932.55	8090.60
	销售收入占总比(%)	30.12	33.85	32.02
硝呋太尔胶囊 (左通 28 粒)	平均销售价格(元/盒)	7.7	7.7	7.62
	销售收入(万元)	1611.25	3618.70	2905.23
	销售收入占总比(%)	12.70	12.33	11.50
其他	平均销售价格(元/盒)	5.45	5.19	5.45
	销售收入(万元)	417.1	2594.23	4432.01
	销售收入占总比(%)	3.29	8.84	17.54
销售收入合计(万元)		12688.51	29339.10	25266.84

表 5.26　妇科感染用药市场规模及份额情况

产品名称	2014 年		2013 年	
	金额（万元）	份额（%）	金额（万元）	份额（%）
硝呋太尔制霉菌素	5359.96	28.35	4977.98	27.75
硝呋太尔	3581.22	18.94	3470.68	19.35
克霉唑	3146.62	16.65	2997.10	16.71
乳杆菌活菌	1458.01	7.71	1267.48	7.07
甲硝唑	1024.74	5.42	1001.51	5.58
双唑泰	991.37	5.24	822.21	4.58
复方甲硝唑	677.75	3.59	600.42	3.35
环吡酮胺	600.16	3.17	571.24	3.18
咪康唑	312.06	1.65	276.62	1.54
奥硝唑	273.85	1.45	298.82	1.67
其他	1478.38	7.82	1653.44	9.22
合计	18904.12	100.00	17937.49	100.00

资料来源：米内网（系国家药监局下属南方医药经济研究所网站，是国内最具有权威的医药行业数据库网站）。

5. 统计上文形成价值区间（见表5.27）

表 5.27　计算结果　　　　　　　　　单位：万元

V_a	V_b	V_c	V_d
33272	65677.67	378597.22	201715.51

五、可调节估值模型比较分析

1. 代入可调节估值模型计算估值

$D_0 = (V_a + V_b + V_c + V_d)/4 = 169815.6$（万元）

$M = \max\{V_a,\ V_b,\ V_c,\ V_d\}$

$N = \min\{V_a,\ V_b,\ V_c,\ V_d\}$

$D = (E_1 + E_2 + E_3 + E_4)/4 \times \dfrac{D_0}{E_0} = 87586.23$（万元）

$$\widehat{D} = \begin{cases} M, & D \in [M,\ +\infty) \\ D, & D \in (N,\ M) \\ N, & D \in (-\infty,\ N] \end{cases} = 87586.23（万元）$$

其中，$\widehat{D}$ 为实际执行价格 87586.23 万元，D_0 为当期年预执行价格 169815.6 万元，M 为取最大值 378597.22 万元，N 为取最小值 33272 万元，E_0 为并购当期 2014 年企业净利润 25625.43 万元，E_1、E_2、E_3 为业绩承诺期 3 年实际净利润（见表 5.28、表 5.29）。

表 5.28　业绩承诺及完成情况

项目	2015 年	2016 年	2017 年	2018 年
业绩承诺（万元）	15600.00	7100.00	18720.00	22464.00
实际完成（万元）	15702.44	7493.01	18846.58	10800.34
完成率（%）	100.66	105.54	100.68	48.08

表 5.29　整体业绩承诺及完成情况

2015 年至 2018 年累计 承诺净利润（万元）	2015 年至 2018 年累计 实际实现净利润（万元）	累计承诺 完成率（%）
63884.00	52842.37	82.72

2. 东诚药业并购云克药业最终实际并购价格

按照并购协议约定，业绩承诺方未完成承诺期业绩，按照合同约定，达孜创投应当以现金方式，按照实际净利润差额的 1.5 倍向金城医药支付补偿款 165624450 元。所以金城医药并购朗依制药的最终实际并购价格为 183437.56 万元。

3. 比较分析

从前文的计算数据来看，按照估值区间可调节模型，在未完成业绩承诺的基础上的执行价格为 87586.23 万元，比实际按照收益法评估的执行价格 183437.56 万元少支付 95851.33 万元，说明在使用多种估值方法时以及业绩未完成的前提下，并购方能够相对更少地支付对价，而被并购方未完成业绩其 2019~2020 年后的业绩增长预测也不成立，其并购估值就需要按照实际业绩进行修正。

第六章

基于医药上市公司
并购的统计实证分析

本章通过对 2013~2016 年的医药上市公司的实际并购中使用的估值方法和承诺业绩完成情况的样本数据统计，与本书提出的估值区间可调节模型的计算结果情况进行对比，以及结果间的相关性，实证分析实际执行价格与估值区间可调节模型计算价格之间的优劣势和可靠性。

第一节 实证样本选择标准

一、样本数据来源及筛选标准

（1）样本数据来源：基于沪深交易所和 Wind 数据库披露的医药上市公司并购重组的项目。

（2）选取时间周期为：2013 年 1 月 1 日~2016 年 12 月 31 日。

（3）有效样本的条件：医药行业上市公司共有 78 个并购重组项目，扣除并购失败的项目 14 个，扣除发审委未通过的项目 7 个，扣除转让资产的项目 17 个，扣除并购资产为非药业的项目 12 个，扣除借壳上市的项目 8 个，实际有效样本数为 20 个并购项目（见表 6.1）。

表 6.1 2013~2016 年医药行业并购

股票代码	并购年份	并购重组事件	采用评估方法
普洛药业	2013	购买康裕医药、康裕生物及得邦制药等股权资产	收益法
红日药业	2013	红日药业收购康仁堂药业	收益法
海翔药业	2014	海翔药业 19 亿元收购台州前进 100%股权	收益法

股票代码	并购年份	并购重组事件	采用评估方法
翰宇药业	2014	翰宇药业13.2亿元收购成纪药业100%股权	收益法
上海莱士	2014	上海莱士47.6亿元收购同路生物89.77%股权	收益法
上海莱士	2014	上海莱士收购郑州莱士100%股权	收益法
太龙药业	2014	太龙药业收购桐君堂100%股权	收益法
太龙药业	2014	太龙药业收购新领先100%股权	收益法
福安药业	2014	福安药业5.7亿元收购天衡药业100%股权	收益法
众生药业	2015	众生药业12.7亿元收购先强药业97.69%股权	收益法
东诚药业	2015	东诚药业定增收购云克药业52.1061%股权	收益法
金城医药	2015	金城医药定增收购朗依制药100%股权	收益法
九芝堂	2015	九芝堂65亿元收购友搏药业100%股权	收益法
通化金马	2015	通化金马拟收购圣泰生物100%股权	收益法
博雅生物	2015	收购新百药业83.87%股权	收益法
亚太药业	2015	亚太药业收购上海新高峰100%股权	收益法
福安药业	2015	发行股份及支付现金收购只楚药业100%股权	收益法
广誉远	2016	广誉远并购山西广誉远40%股权	收益法
莎普爱思	2016	莎普爱思收购强身药业100%股权	收益法
通化金马	2016	通化金马收购永康制药100%股权	收益法

二、并购标的样本的基本财务数据

并购标的财务数据如表6.2所示。

表6.2　并购标的财务数据　　　　　　　　　　单位：万元

并购方	并购标的	标的净资产	标的销售收入	标的净利润
普洛药业	康裕医药等	42352.23	203905.01	6556.64
红日药业	康仁堂药业	6491.55	29162.02	6221.59
海翔药业	台州前进药业	35793.21	99582.94	14248.77
翰宇药业	成纪药业	21184.51	24155.36	5136.31
上海莱士	同路生物	68636.96	40928.87	17873.62

续表

并购方	并购标的	标的净资产	标的销售收入	标的净利润
上海莱士	郑州莱士	26424.92	20268.11	7168.71
太龙药业	桐君堂	16692.65	53907.96	2792.15
太龙药业	新领先	2021.31	5713.48	1790.75
福安药业	天衡药业	23138.00	30160.46	2618.65
众生药业	先强药业	24450.86	12288.81	6026.11
东诚药业	云克药业	21772.10	19846.91	7397.62
金城医药	朗依制药	23710.94	29339.10	25625.43
九芝堂	友搏药业	141650.22	76590.78	40234.15
通化金马	圣泰生物	36146.67	33820.43	12665.43
博雅生物	新百药业	18641.23	23581.26	3336.38
亚太药业	上海新高峰药业	16933.71	25301.64	4648.55
福安药业	只楚药业	23751.21	58866.23	6495.01
广誉远	山西广誉远	3876.16	42816.65	2055.85
莎普爱思	强身药业	10079.8	213.18	−144.61
通化金马	永康制药	10398.46	16987.57	2375.54

三、并购标的样本的估值情况

公告的估值方法以公告估值计算方法为准，未公告的估值方法按估值可调节区间模型中的对应方法计算，并购标的估值方法及数据如表6.3所示。

表6.3　并购标的估值方法及数据　　　　单位：万元

并购方	并购标的	基础资产法	市场法	收益法
普洛药业	康裕医药等	57870.94	367241.30	95716.73
红日药业	康仁堂药业	45947.27	124245.71	96021.45
海翔药业	台州前进药业	74806.77	360485.50	189186
翰宇药业	成纪药业	21184.51	134815.00	132683
上海莱士	同路生物	68636.96	542838.00	530138.81
上海莱士	郑州莱士	26424.92	181513.45	180695.6
太龙药业	桐君堂	18098.46	133061.63	40094.61

续表

并购方	并购标的	基础资产法	市场法	收益法
太龙药业	新领先	2267.06	32170.09	32016.57
福安药业	天衡药业	23138	60541.17	57056.67
众生药业	先强药业	36746.82	123172.22	130100.00
东诚药业	云克药业	25876.41	146378.98	145010.10
金城医药	朗依制药	65677.67	378597.22	201715.51
九芝堂	友搏药业	248708.72	784316.05	651780.73
通化金马	圣泰生物	39443.17	279600.00	226100.00
博雅生物	新百药业	25326.98	99181.35	62229.78
亚太药业	上海新高峰药业	18662.8	114777.29	90220
福安药业	只楚药业	43954.68	193886.78	150000
广誉远	山西广誉远	237606.85	90601.01	323355
莎普爱思	强身药业	12105.96	21672.05	34607.83
通化金马	永康制药	10285.34	49700	41000

四、并购标的样本的业绩承诺及完成情况

并购标的业绩完成情况如表 6.4 所示。

表 6.4　并购标的业绩完成情况　　　　　　　　　　　单位：万元

并购方	并购标的	业绩承诺一期	业绩承诺二期	业绩承诺三期
普洛药业	康裕医药等	10067.00	12177.34	13328.42
	实际完成情况	11699.18	14921.23	14891.94
红日药业	康仁堂药业	6950.70	8193.46	10079.08
	实际完成情况	9742.51	15777.10	21932.62
海翔药业	台州前进药业	22615.08	27111.47	30355.96
	实际完成情况	47931.31	45362.27	41489.28
翰宇药业	成纪药业	11000	14850	0
	实际完成情况	11752.30	11514.83	0
上海莱士	同路生物	28182.57	36817.74	47960.88
	实际完成情况	28566.76	38783.39	47028.92

续表

并购方	并购标的	业绩承诺一期	业绩承诺二期	业绩承诺三期
上海莱士	郑州莱士	10485.48	13423.24	17125.21
	实际完成情况	15703.93	11679.24	14471.00
太龙药业	桐君堂	3773.02	4127.24	4608.76
	实际完成情况	4334.48	4042.38	4212.19
太龙药业	新领先	2796.66	2919.84	3224.60
	实际完成情况	2922.81	3613.15	3771.55
福安药业	天衡药业	4000.00	5000.00	6000.00
	实际完成情况	4203.02	5953.12	7197.65
众生药业	先强药业	8000.00	9600.00	11520.00
	实际完成情况	8610.39	12236.38	8275.30
东诚药业	云克药业	10000.00	12200.00	14600.00
	实际完成情况	10420.01	13447.62	14639.34
金城医药	朗依制药	7100.00	18720.00	22464.00
	实际完成情况	7493.01	18846.58	10800.34
九芝堂	友搏药业	45673.49	51472.40	57879.68
	实际完成情况	46263.85	51829.57	58839.10
通化金马	圣泰生物	14801.39	18254.74	21899.23
	实际完成情况	15219.72	19416.27	22780.62
博雅生物	新百药业	3500.00	4500.00	5500.00
	实际完成情况	3516.59	4511.96	5529.14
亚太药业	上海新高峰药业	10625.00	13281.00	16602.00
	实际完成情况	10783.84	14497.44	14586.63
福安药业	只楚药业	8000.00	10000.00	12000.00
	实际完成情况	9814.66	12456.10	10885.72
广誉远	山西广誉远	13342.95	23547.41	43285.57
	实际完成情况	14813.79	22967.77	41875.28
莎普爱思	强身药业	1000.00	3000.00	5000.00
	实际完成情况	128.76	1028.42	−802.31
通化金马	永康制药	2900.00	3360.00	4040.00
	实际完成情况	2930.00	3853.69	4268.31

第二节　样本数据代入模型计算

代入模型计算可调节区间:

$$D_0 = (V_a + V_b + V_c)/3$$

$$M = \max\{V_a, V_b, V_c\}$$

$$N = \min\{V_a, V_b, V_c\}$$

$$D = (E_1 + E_2 + E_3)/3 \times \frac{D_0}{E_0}$$

$$\widehat{D} = \begin{cases} M, & D \in [M, +\infty) \\ D, & D \in (N, M) \\ N, & D \in (-\infty, N] \end{cases} \qquad (6.1)$$

根据式(6.1)得到如表 6.5 和表 6.6 所示的结果。

表 6.5　样本数据计算结果　　　　　　　单位:万元

并购方	并购标的	D_0 值	D 值	$\widehat{D}$ 值
普洛药业	康裕医药等	173609.66	366277.30	366277.30
红日药业	康仁堂药业	88738.14	225556.27	124245.71
海翔药业	台州前进药业	208159.42	655943.25	360485.50
翰宇药业	成纪药业	96227.50	217896.77	134815.00
上海莱士	同路生物	380537.92	811710.20	542838.00
上海莱士	郑州莱士	129544.65	245596.42	181513.45
太龙药业	桐君堂	63751.56	95802.67	95802.67
太龙药业	新领先	22151.24	42501.34	32170.09
福安药业	天衡药业	46911.95	103602.18	60541.17
众生药业	先强药业	96673.01	155706.05	130100.00

续表

并购方	并购标的	D_0 值	D 值	$\widehat{D}$ 值
东诚药业	云克药业	105755.16	183421.58	146378.98
金城医药	朗依制药	215330.13	104028.71	104028.71
九芝堂	友搏药业	561601.83	730259.32	730259.32
通化金马	圣泰生物	181714.39	274642.78	274642.78
博雅生物	新百药业	62246.04	84328.83	84328.83
亚太药业	上海新高峰药业	74553.36	213160.37	114777.29
福安药业	只楚药业	129280.48	219937.98	193886.78
广誉远	山西广誉远	217187.62	2804982.86	323355.00
莎普爱思	强身药业	22795.28	2621.31	12105.96
通化金马	永康制药	33661.78	52202.28	49700.00

注：由于强身药业在并购前为亏损负值，按估值区间可调节模型无法计算，在本案例中将 E_0 值调整为 2017 年的业绩值作为参考。

表 6.6　区间值计算结果　　　　　　　　单位：万元

并购方	并购标的	D 值	M 值	N 值	$\widehat{D}$ 最终值
普洛药业	康裕医药等	366277.3	367241.3	57870.94	366277.30
红日药业	康仁堂药业	225556.27	124245.71	45947.27	124245.71
海翔药业	台州前进药业	655943.25	360485.5	74806.77	360485.50
翰宇药业	成纪药业	217896.77	134815	21184.51	134815.00
上海莱士	同路生物	811710.2	542838	68636.96	542838.00
上海莱士	郑州莱士	245596.42	181513.45	26424.92	181513.45
太龙药业	桐君堂	95802.67	133061.63	18098.46	95802.67
太龙药业	新领先	42501.34	32170.09	2267.06	32170.09
福安药业	天衡药业	103602.18	60541.17	23138	60541.17
众生药业	先强药业	155706.05	130100	36746.82	130100.00
东诚药业	云克药业	183421.58	146378.98	25876.41	146378.98
金城医药	朗依制药	104028.71	378597.22	65677.67	104028.71
九芝堂	友搏药业	730259.32	784316.05	248708.72	730259.32
通化金马	圣泰生物	274642.78	279600	39443.17	274642.78
博雅生物	新百药业	84328.83	99181.35	25326.98	84328.83

续表

并购方	并购标的	D 值	M 值	N 值	$\widehat{D}$ 最终值
亚太药业	新高峰药业	213160.37	114777.29	18662.8	114777.29
福安药业	只楚药业	219937.98	193886.78	43954.68	193886.78
广誉远	山西广誉远	2804982.86	323355	90601.01	323355.00
莎普爱思	强身药业	2621.31	34607.83	12105.96	12105.96
通化金马	永康制药	52202.28	49700	10285.34	49700.00

第三节 实证结果比较分析

根据模型计算结果与实际情况比较分析，比较结果如表 6.7 所示。

表 6.7 比较结果 单位：万元

并购方	并购标的	实际值	$\widehat{D}$ 值	比价
普洛药业	康裕医药等	95716.73	366277.30	270560.57
红日药业	康仁堂药业	96021.45	124245.71	28224.26
海翔药业	台州前进药业	189186.00	360485.50	171299.50
翰宇药业	成纪药业	128949.34	134815.00	5865.66
上海莱士	同路生物	530138.81	542838.00	12699.19
上海莱士	郑州莱士	180695.60	181513.45	817.85
太龙药业	桐君堂	40094.61	95802.67	55708.06
太龙药业	新领先	32016.57	32170.09	153.52
福安药业	天衡药业	57056.67	60541.17	3484.50
众生药业	先强药业	130100.00	130100.00	0
东诚药业	云克药业	145010.10	146378.98	1368.88
金城医药	朗依制药	183437.56	104028.71	−79408.85
九芝堂	友博药业	651780.73	730259.32	78478.59

续表

并购方	并购标的	实际值	$\widehat{D}$ 值	比价
通化金马	圣泰生物	226100.00	274642.78	48542.78
博雅生物	新百药业	62229.78	84328.83	22099.05
亚太药业	上海新高峰药业	90000.00	114777.29	24777.29
福安药业	只楚药业	150000.00	193886.78	43886.78
广誉远	山西广誉远	322537.48	323355	817.52
莎普爱思	强身药业	24805.52	12105.96	−15003.21
通化金马	永康制药	41000.00	49700.00	8700.00

（1）从上述数据分析来看，三种估值方法中，基础资产法相对估值价格最低，而市场法估值往往最高，收益法的估值居中。这也就意味着非上市公司（被并购标的）的估值如果按照同业上市公司的 PE、PB、PS 来估值的话，所带来的估值较高，而对上市公司并购所带来的溢价就变得有限了；也说明在估值选择上，使用多种估值方法的均值能相对更有效地反映估值，减少并购双方的谈判分歧。通过对非上市公司（被并购标的）的估值，如果按照同业上市公司的 PE、PB、PS 来估值能够更好地提升估值区间，从而为被并购标的带来更高的收益，这也是几个接近于完成业绩承诺的企业都能获得更高估值的原因。

（2）基于上述数据可以看出，20 个并购标的项目中 16 个超额完成业绩承诺，3 个接近完成业绩承诺，1 个与业绩承诺严重脱节。在实际操作中，对于超额完成业绩的标的股东和管理层并没有获得更高的激励，对于业绩大变脸的标的股东和管理层以现金补偿的方式，没有受到惩罚，反而套利了高预期的企业预期盈利估值。

（3）从上述测算数据来看，通过估值区间可调节模型可以很好地提升并购标的的估值区间，能够更好地激励被并购方股东和管理层提升标的的未来实际业绩。在业绩实现方面，如果超额完成收益可以获得比收益法更高的激励，而可以拿到最高的估值法的估值；对于被并购方，则通过激励被并购方股东和管理层提升企业经营业绩，促进上市公司在资本市场上获得更高的估值。对于业绩无法完成标的股东和管理层，则不会给予其那么高的估值，但会保证最低的成本法价值，能避免其的套利行为。

综上所述，估值区间可调节模型能够更好地激励并购标的企业的股东和管理层，提升标的企业的业绩，从而对并购方上市公司在资本市场上的整体估值提升有正向作用。同时，也能很好地保护上市公司在并购过程中信息不对称问题，如果标的企业的股东和管理层不能达成业绩，上市公司付出的价格也对应更低，减少其在预期盈利基础上所产生的套利行为。

第七章

结论与展望

本章主要对前文的模型分析结论得出总结性观点，并对未完成的以及可能存在假设偏颇的地方提出展望。

第一节　主要研究结论

并购估值是企业在执行并购策略过程中的核心利益，也是并购多方聚焦的点，本书通过对于医药行业并购估值的观点和角度进行多样性的阐述，并在此基础上形成估值模型的创新性混合应用，根据笔者多年的实操经验和对上市公司并购的理解，从理论和实践的角度提出了本书的核心结论：

（1）从监管层和并购双方的角度，针对现有政策中可能存在的问题，提出了该模型的有效应用场景。

从证监会监管者的角度来看，为了保护中小投资者，以及在上市公司并购中的信息不对称的问题，通过调整后的估值区间模型有利于从多角度和多种估值方法的层面去确定并购估值，能够让估值区间变得更为合理；同时根据业绩承诺的完成情况对并购标的估值进行区间调整，能够对标的股东和管理层起到正向激励作用，从而更好地监管上市公司的并购行为和保护中小投资者。

从上市公司并购者的角度来看，在并购标的企业的过程中即使进行了详尽的调查和研究，依然存在信息不对称问题，并购标的股东如果无法完成业绩承诺，只能通过现有估值下的现金补偿和部分股份补偿，依然存在并购标的高估的问题；所以通过区间可以调节模型，能够对并购标的股东和管理层起到正向激励促使其超额完成业绩，提升上市公司资本市场整体估值；而对于存在财务造假和夸大前期业绩承诺的并购标的股东和管理层，则会将整体估值降下来，减少上市公司并购的损失，从而以更低的价格并购标的。

从被并购标的股东和管理层的角度来看，通过多种估值方法对标的估值能够更充分地反映标的价值，避免一种或两种估值方法对其他重要资产要素的忽略；再通过业绩承诺的超额完成能够获得更高的估值溢价，是对并购标的股东和管理层的绝对正向激励（相对目前政策多没有超额激励）；而对于由于政策原因或市场环境变化导致无法完成业绩承诺的并购标的股东和管理层，也可以获得底线并购标的估值的保护。

（2）基于多角度的理论视角整理分析现有的估值理论，并根据医药行业的特殊性对其模型进行了适应性修改，在此基础上形成了估值区间的理论模型思路，也有利于并购多方的博弈谈判达成。

本书从商业模式、资产评估、企业生命周期、博弈补偿理论等多重视角，分析了现有各自估值模型的特点和理论基础，以及前人学者的观点，并在此基础上结合医药行业的特殊性和医药行业并购估值中存在的问题，提出了各角度的修正估值模型，对其中未形成最终产品的研发管线的产品结合其失败率提出相应的估值模型，并将修正的估值模型加入了股权补偿机制的约束条件。

在中国评估协议提出多估值方法能更有利于并购决策的思路基础上，提出多估值模型均值和区间的估值思路。按照中国资产评估协会提出的通过两种方法估值的互相比较验证，使并购估值定价相对科学，在此思路基础上本书提出了结合医疗行业的特殊性估值方法、基础资产法、市场法、收益法等多种估值方法取均值，并设计封顶保底机制，使并购估值的价格形成一个价格区间，能够更中性地反映各方利益，保护中小股东和投资者的利益。

估值本身就具有测不准的属性和立场不同的角色思维，在一些双方难以达成统一认知和很难具体准确量化的影响谈判因子方面，通过形成一个可调节的区间估值模型来修正处理双方谈判博弈的异议。在并购交易过程中双方由于信息不对称，被并购方股东从自身利益最大化的思路，往往会夸大未来的业绩预期，希望采用并购价格高的估值方法；而并购方则往往从自身的并购风险与收益权衡的角度出发，一般希望压低并购交易价格，使用对赌协议之类的并购方式。目前各类估值方法，也很难有效确定并购价格的绝对准确性，所以本书提出一个估值区间的交易思路，融合了行业特殊估值法、成本法、收益法和市场法等不同的评估思路，建立一个可交易区间，设定上限估值和下限估值，再通过博弈补偿机制来设定约束条件，最终根据对赌业绩期间的实际业绩情况修正估值。

（3）基于现有证监会规定的并购补偿机制存在的问题，提出股权补偿机制的约束条件，并建立相关模型以获得多方利益的一致性。

目前的业绩补偿机制，无论是股权补偿还是现金补偿，都是在目前并购估值不变的情况下，对未达标的业绩部分使用现金或股权补偿而已，而并购估值的那部分超额增值部分，根本就没有让被并购方股东"吐出来"；特别是收益法中对未来业绩预期达标和同步增长的情况下，才会给出那么高的估值，如果没有业绩达标和增长，则后续的估值根本不成立。

基于上述问题，本书提出了修正版的股权补偿机制，即通过多种修正估值模型取平均值作为前期付款值，同时设计封顶保底机制，形成一个价格区间，根据实际业绩对股权补偿机制进行约束，并按当时停牌前股份价格折算成股份比例，可以确定最终价格，此模型可以建立估值调整机制以取代现有的业绩补偿机制的漏洞。如果采用本书修正的补偿机制，实则是采用双向激励的方法，在业绩承诺不达标的前提下，业绩承诺方付出的补偿，不仅是业绩差额的补偿，还包含了差额部分所带来的估值收益，但是不会低于估值下限；如果业绩达标甚至超额还会获得更高的估值，但是不会高于估值上限。

<h1 style="text-align:center">第二节　研究展望</h1>

并购估值的研究思路多样而广泛，而且随着并购实操业务的不断变化不断演进，案例数据样本越来越多，行业上使用的估值方法也越来越差异化，因此对并购估值的研究是个长期的过程，展望其未来可能在以下方面会有更多改进以及进一步的建议：

（1）在业绩承诺期和对应的补偿期限延长到五年，或者将收益法中关于未来收益高增长阶段的预测调整为三年，以对应业绩承诺期限和补偿期限。这样在收益法的计算中可以保证业绩承诺的高速增长对应相应的估值测算，否则在第四、第五年有可能出现增长差异问题。

（2）尽量使用股权作为并购支付方式和补偿方式，相对于现金支付和补偿，股份支付和补偿更为合理，既可以减轻收购方现金压力，又能对被收购方形成更有利的约束。安排业绩补偿方式时要考虑到执行时的可行性，采取股权方式的时候，需要将股权质押的情况考虑进去，以免造成无法过户的情况从而导致给交易各方带来诉讼纠纷。

（3）在业绩承诺考核方面不能仅以净利润作为单一指标，可以设置应收账款回收时间和回收率、坏账率、客户拓展指标以及业务市场占比等核心的关键指标作为承诺考核目标，同时明确约定当各项指标未达时需要补偿的股份数量。同时，在补偿时，可以考虑分阶段进行业绩考核，以及对应的业绩补偿或激励，当出现问题时有利于及时解决。

（4）在使用资产基础法估值作为交易价格时，仍需要标的企业股东和管理层实行业绩承诺。并购资产是为了获得收益和现金流，而如果没有业绩提升或亏损，并购价值就趋于无效甚至可能是企业的包袱。同时资产基础法中也有部分资产是基于未来收益预测而产生的价值，如专利和商标，所以标的企业股东和管理层有必要进行业绩承诺。

（5）在计提商誉减值方面，需要对并购后的协同效应和业绩盈利达成情况综合考虑。上市公司并购后不仅业绩承诺期间存在商誉减值的风险，业绩承诺后业绩变脸仍然会导致商誉减值风险，所以在计提商誉减值方面要考虑业绩增长与预期的达成情况，尽量减少商誉绝对值才是正道。

（6）企业都有生命周期，所以估值中无限盈利假设不成立。1994年吉姆·柯林斯在《基业长青》中对36家企业进行了跟踪观察，分为两类：一类是高瞻远瞩看起来能做到基业长青的优秀公司，另一类则对标相对平庸的中小公司。2024年后重新统计发现，优秀公司这组的18家公司，约有11家正收益，6家负收益，1家破产被收购；而18家对标的平庸公司，则是7家正收益，2家负收益，9家破产被收购，可以看出企业生老病死乃是常态，并不存在真正的基业长青和无限生命周期。所以在企业并购估值中，无限存续盈利的假设其实是不成立的，可以分阶段给予20年（医药专利权的保护期为20年）的整体生命周期假设。

综上所述，由于笔者的学识和时间有限，没有对上述可能存在的问题展开讨论和分析，在模型中也没有加以应用，留待在以后的学习和工作中进行更加深入的研究和探讨。

参考文献

[1] Anna U-G. The business model and intellectual capital in the value creation of firms [J]. Baltic Journal of Management, 2017 (1): 17-21.

[2] Barnes M L, Lopez J A. Alternative measures of the Federal Reserve Banks' cost of equity capital [J]. Journal of Banking & Finance, 2006, 30 (6): 1687-1711.

[3] Belak J, Milfelner B. Informal and formal institutional measures of business ethics implementation at different stages of enterprise life cycle [J]. Acta Polytechnica Hungarica, 2011 (8): 105-122.

[4] Belak J. Management and governance: Organizational culture in relation to enterprise life cycle [J]. Kybernetes, 2016: 680-698.

[5] Biloshapka V, Osiyevskyy O. Value creation mechanisms of business models: Proposition, targeting, appropriation, and delivery [J]. Social Science Electronic Publishing, 2018 (19): 166-176.

[6] Brend W, Oliver Schilke, Sebastian Ullrich. Strategic Development of Business Models: Implications of the Web 2.0 for Creating Value on the Internet [J]. Long Range Planning, 2010 (43): 272-290.

[7] Cao Y, Chen X, Wu DD. Early warning of enterprise decline in a life cycle using neural networks and rough set theory [J]. Expert Systems with Applications An International Journal, 2011 (38): 6424-6429.

[8] Clauss T, Harengel P, Hock M. The perception of value of platform-based business models in the sharing economy: Determining the drivers of user loyalty [J]. Review of Managerial Science, 2019, 13 (3): 605-634.

[9] de Oliveira D T, Cortimiglia M N. Value co-creation in web-based multi-

sided platforms: A conceptual framework and implications for business model design [J]. Business Horizons, 2017 (10): 3-5.

[10] Fang J Z. Enterprise value and its evaluation method [J]. Value Engineering, 2014 (5): 24-26.

[11] Gambardella A, Mcgahan A M. Business – model innovation: General purpose technologies and their implications for industry structure [J]. Long Range Planning, 2010 (43): 262-271.

[12] Gandia R, Parmentier G. Optimizing value creation and value capture with a digital multi-sided business model [J]. Post-Print, 2017 (26): 323-331.

[13] Giorgino M C, Federico Barnabè, Paolicelli N. Searching for the missing link between business model and strategy: The integrated reporting perspective [R]. 2017: 41-88.

[14] Germania Vayas-Ortega, Cristina Soguero-Ruiz, et al. On the differential analysis of enterprise valuation methods as a guideline of unlisted companies assessment (II): Applying machine-learning techniques for unbiased enterprise value assessment [J]. Applied Sciences, 2020, 10 (15): 5875.

[15] Haire. Biological models and empirical histories of the growth of organizations [M]. 1973: 263-269.

[16] Hong C, Yu Z, Dongxia L. Government subsidies, Tax breaks and enterprise's innovation performance: An Empirical study on different Life cycle stages [J]. nankai Business Review, 2019 (3): 187-200.

[17] Ichak Adizes, Prentice Hall. Corporate lifecycles: How and why corporations grow and die and what to do about it [M]. Pergamon, 1988: 361.

[18] Insley M. A real options approach to the valuation of a forestry investment [J]. Journal of Environmental Economics & Management, 2002 (3): 471-492.

[19] Jan Stoklasa, Pasi Lunkka, Mikael Collan. Possibilistic fuzzy pay-off

method for real option valuation with application to research and development invest-ment analysis [J]. Chinese Journal of Aeronautics, 2020, 6: 12.

[20] Jennergren L P. A Tutorial on the Discounted Cash Flow Model for Valua-tion of Companies [M]. Sse/efi Working Paper, 2011: 20-46.

[21] Josipa Mrša. Valuation of Internally Generated Intangible Assets in Ac-counting [J]. Acta Economica et Turistica, 2018 (4): 181-195.

[22] Keshav Gupta. Determinants of corporate borrowing: A note [J]. Journal of Financial Economics, 1982 (5): 147-175.

[23] Kevin, Baird, Bill. The use and success of activity-based management practices at different organisational life cycle stages [J]. International journal of pro-duction research, 2014 (6): 10-15.

[24] Koval V, Prymush Y, Popova V. THE influence of the enterprise life cy-cle on the efficiency of investment [J]. Baltic Journal of Economic Studies, 2017 (3): 183-187.

[25] Kuangyuan Zhang, Antonio Nieto, Andrew Kleit. Valuation of mining op-eration with uncertainty and the power of waiting-A real option method [M]. Mine Planning and Equipment Selection. Springer International Publishing, 2014: 11-89.

[26] Loderer C, Stulz, Ren é, Waelchli U. Firm rigidities and the decline in growth opportunities [J]. Management Science, 2016: 2478.

[27] Manda B M K, Bosch H, Worrell E. Sustainable value creation with Life cycle management [M]. Springer Netherlands, 2015: 20-68.

[28] Maniora J. Is integrated reporting really the superior mechanism for the in-tegration of ethics into the core business model? An empirical analysis [J]. Journal of Business Ethics, 2015 (40): 1-32.

[29] Martin Leibowitz. Spread-Driven dividend discount models [J]. Rout-ledge, 2019 (6): 64-81.

［30］ Maslak, Bezruchko. Managing of economic potential of the enterprise at different stages of its life cycle ［J］. Menedment Innovacì j, 2014 (5): 21-26.

［31］ Mieras E. How a life cycle-driven business model Can accelerate sustainable value creation ［J］. SB Business Weekly, 2015 (10): 21-23.

［32］ Mikael Bask. Pure announcement and time effects in the dividend-discount model ［J］. Quarterly Review of Economics and Finance, 2019 (10): 9-11.

［33］ Nazzaro C, Stanco M, Marotta G. The life cycle of corporate social responsibility in agri-food: Value creation models ［J］. Sustainability, 2020 (12): 22-25.

［34］ Patrick Spieth, Sabrina Schneider, Thomas Clau, Daniel Eichenberg. Value drivers of social business: A business model perspective ［J］. Long Range Planning, 2018 (7): 21-26.

［35］ Penizzotto F, Pringles R, Olsina F. Real options valuation of photovoltaic power investments in existing buildings ［J］. Renewable and Sustainable Energy Reviews, 2019 (114): 109308.

［36］ Russo-Spena T, Mele C. Nuutinen M. Business model design and value co-creation: Looking for a new pattern ［M］.//Angela Caridà, Monia Melia, Maria Colurcio. Innovating in Practice. Spinger, 2017.

［37］ Sabatier V, Mangematin V, Rousselle T. From recipe to dinner: Business model protfolios in the European Biopharmaceuti-197 cal Industry ［J］. Long Range Planning, 2010 (43): 431-447.

［38］ Saunders A, Brynjolfsson E. Valuing information technolgy related intangible assets ［J］. MIS quarterly, 2016 (1): 83-110.

［39］ Sergey V Kolankov, Svenlana P Voronova, Ulia A Golikova. Development of methods of assessing the land market value ［J］. Materials Science Forum, 2018 (2): 1137-1141.

[40] Spieth P, Schneider S, Clau T, Eichenberg D. Value drivers of social businesses: A business model perspective [J]. Long Range Planning, 2018 (7): 21-26.

[41] Suppatvech C, Godsell J. The roles of internet of things technology in enabling servitized business models: A systematic literature review [J]. Industrial Marketing Management, 2019 (11): 22-36.

[42] Tandja DCM, Power GJ, Bastien J. Real option valuation in a gollier/ weitzman world: The effect of long-run discount rate uncertainty [J]. The Energy Journal, 2018 (5): 21-53.

[43] Thomas Claus, Peter Harengel, Marianne Hock. The perception of Value of Platformbased business models in the sharing economy: determining the drivers of userloyalty [J]. Review of Managenrial Science, 2019 (13): 605-634.

[44] Vladyslav Biloshapka, Oleksiy Osiyevskyy. Value creation mechanisms of business models: Proposition, targeting, appropriation, and delivery [J]. Intemational Journal of Entrepreneurship and Inrovation, 2018 (3): 166-176.

[45] Wen J Y, Ju E G. Venture capitalist optimal equity allocation under the application of valuation adjustment agreement [J]. Journal of Industrial Engineering and Engineering Management, 2015 (4): 186-193.

[46] Wilson K, Samson D, Bhakoo V. Crowdsourcing: An inductive study of business model value creation [J]. Academy of Management Annual Meeting Proceedings, 2016 (1): 1062.

[47] Yasuda T. Firm Growth, Size, age and behavior in japanese manufacturing [J]. Small Business Economics, 2005 (24): 1-15.

[48] Kashif Raza（卡瑟夫）. 企业生命周期和产品市场竞争对创新与企业绩效间关系的影响 [D]. 东北财经大学博士学位论文, 2019.

[49] 白宏. 现代商业模式的本质属性与结构特征研究 [D]. 东华大学博

士学位论文，2012.

[50] 本杰明·格雷厄姆，戴维·多德. 证券分析 [M]. 邱巍等译. 海口：海南出版社，2004.

[51] 曹中. 收益法在企业价值评估中的应用问题研究 [J]. 会计之友，2009 (19)：16-17.

[52] 陈波. 企业估值方法中存在的几个问题及对策 [J]. 中国资产评估，2019 (12)：40-45.

[53] 陈佳贵. 关于企业生命周期与企业蜕变的探讨 [J]. 中国工业经济，1995 (11)：5-13.

[54] 陈俊发. 与商誉减值事项相关的评估问题剖析 [J]. 中国资产评估，2019 (4)：40-43.

[55] 陈雷. 关于国有企业估值报告使用分析及建议 [J]. 中国资产评估，2020 (6)：45-47.

[56] 陈仕华，张章，宋冰霜. 何种程度的失败才是成功之母？——并购失败程度对后续并购绩效的影响 [J]. 经济管理，2020，42 (4)：20-36.

[57] 陈亚男. 基于股权自由现金流量贴现模型的公司价值评估 [D]. 华东交通大学硕士学位论文，2015.

[58] 陈勇，黄波，黄伟. 创新企业与投资基金协同创新的对赌协议设计 [J]. 西部论坛，2014 (4)：95-100.

[59] 陈远. 基于收益法的技术类无形资产价值评估分析 [J]. 财会通讯，2019 (35)：58-62.

[60] 池昭梅，黎曦. 并购重组中业绩补偿困境突破——基于数知科技的跨境并购案例 [J]. 财会月刊，2020 (7)：9-18.

[61] 邓乐. 企业生命周期、并购策略与市场绩效 [D]. 湖南大学，2015.

[62] 邓士丹. 商誉减值测试实务操作提示 [J]. 国有资产管理，2019

（9）：27-30.

[63] 丁继平. 博弈思想在并购企业定价问题中的运用 [J]. 中国外资，2004（3）：26-29.

[64] 丁锦希. 美国药品专利期延长制度浅析——Hatch-Waxman 法案对我国医药工业的启示 [J]. 中国医药工业杂志，2006（9）：78-82.

[65] 杜雨洁. 企业估值中价值乘数的选择：基于行业差异性的分析 [J]. 财会学习，2017（17）：189.

[66] 段仲渊. 重置成本法在高速公路回购中的应用 [J]. 交通与运输，2019（32）：226-230.

[67] 范雪梅. 实物期权理论及其在资产评估中的运用 [J]. 现代营销，2020（5）：62-63.

[68] 冯利文，边小东，唐乐. 对赌协议与企业跨国并购估值的修正研究 [J]. 海南金融，2012（11）：20-24.

[69] 付正茂. 多视角下商业模式与战略关系辨析 [J]. 财讯，2016（31）：91-92.

[70] 葛青. 基于并购视角的商业模式创新影响因素分析 [D]. 北京邮电大学，2019.

[71] 郭陈陈. 浅析资产评估的基本方法在我国市场经济上的应用 [J]. 现代经济信息，2013（5）：23.

[72] 郭海燕. 并购失败产生的风险及政策建议 [J]. 上海商业，2019（2）：53-54.

[73] 郭菊娥，薛勇，王占浩，郭广涛. 风险投资估值调整协议价值及最优业绩目标 [C]. 中国系统工程学会第 17 届年会，2012：676-683.

[74] 胡晓明. 基于市场法的比率乘数估值模型与应用研究 [J]. 中国资产评估，2013（6）：24-27.

[75] 胡晓明，汪昊. 上市公司并购重组业绩承诺实现情况分析 [J]. 中

国资产评估，2019（5）：23-28.

[76] 胡增永．证券公司战略并购内部价值评估研究［J］．山东社会科学，2015（12）：165-170.

[77] 黄玮．新经济企业估值的探讨［J］．中国资产评估，2019（5）：38-42.

[78] 贾铮．合同理论视角下的对赌条款研究［D］．上海交通大学博士学位论文，2013.

[79] 简冠群，李秉祥，李浩．业绩补偿承诺、研发投入与定增并购价值创造［J］．现代财经，2019（4）：51-61.

[80] 姜楠．公允价值计量与资产评估——基于公允价值会计的顺周期效应的思考［J］．中国资产评估，2010（8）：20-23.

[81] 李秉祥，简冠群，李浩．业绩补偿承诺、定增并购双价格偏离与整合效应［J］．管理评论，2019（4）：19-33.

[82] 李冬伟，李建良．基于企业生命周期的智力资本对企业价值影响研究［J］．管理学报，2012，9（5）：706.

[83] 李端生，王东升．基于财务视角的商业模式研究［J］．会计研究，2016（6）：63-69.

[84] 李菲菲，孙圣兰．基于价值网的我国医疗分享商业模式研究［J］．卫生经济研究，2019（12）：8-10.

[85] 李红杰．企业价值评估中收益法的应用探析［J］．会计之友，2011（29）：56-60.

[86] 李鸿磊，刘建丽．基于用户体验的商业模式场景研究：价值创造与传递视角［J］．外国经济与管理，2020（6）：20-37.

[87] 李鸿磊，柳谊生．商业模式理论发展及价值研究述评［J］．经济管理，2016（9）：186-199.

[88] 李群锋．基于模糊实物期权影视企业价值评估研究［D］．辽宁工

技术大学硕士学位论文，2017.

[89] 李唯滨，姚文飞. 基于实物期权理论的目标企业股权并购估值分析 [J]. 商业经济，2015（12）：91-93.

[90] 李雁. 分析师实地调研是否影响并购公告的市场反应 [J]. 财会通讯，2017（18）：118-122.

[91] 李源，吉姆. 柯林斯. 一贯坚持，成就伟大公司——专访美国斯坦福大学教授《基业长青》作者吉姆·柯林斯 [J]. 中外管理，2009（8）：37-39.

[92] 刘峰涛，赵衰军，刘玮. 对赌协议机制下企业再融资阶段三方博弈 [J]. 系统管理学报，2016（2）：246-252.

[93] 刘浩. 生命周期视角下增长期权影响企业估值和风险—收益特征的研究 [D]. 电子科技大学博士学位论文，2019.

[94] 刘璐姗. 美国股票市场投资者异质期望与股票收益的实证研究 [D]. 山东大学硕士学位论文，2010.

[95] 刘淼. 绿色并购能否提升重污染企业可持续发展能力？——基于商业模式创新的视角 [D]. 山东大学硕士学位论文，2019.

[96] 刘祥剑. 中国私募股权投资中的估值问题研究 [J]. 中国总会计师，2019（3）：54-56.

[97] 刘秀玲. 跨国技术并购与辽宁省装备制造业竞争力提升 [J]. 沈阳工业大学学报（社会科学版），2009（1）：6-10.

[98] 刘永键，章新蓉，郑佳. 上市公司业绩承诺风险研究综述 [J]. 财会通讯，2020（2）：28-32.

[99] 卢俊晔，范兴权. 互联网企业未来财务分析体系创新的思考 [J]. 2016（24）：136-137.

[100] 路江涌. 生态创新：企业如何跨越生命周期 [J]. 清华管理评论，2019（11）：84-92.

［101］罗珉，曾涛，周思伟．企业商业模式创新基于租金理论的解释［J］．中国工业经济，2005（7）：73-81．

［102］吕学梁，王连华．基于实物期权方法的企业并购价值评估［J］．价值工程，2005（6）：44-45．

［103］吕长江，韩慧博．业绩补偿承诺、协同效应与并购收益分配［J］．审计与经济研究，2014（6）：3-13．

［104］马宇．新兴经济体跨境资本流量合意区间测算研究［M］．中国社会科学出版社，2023，8．

［105］任雅萍．上市公司高商誉现状的监管风险及应对分析［J］．证券市场导报，2018（10）：57-61．

［106］施超．国有企业并购的价值重塑［J］．商场现代化，2019（21）：104-105．

［107］宋福铁，梁新颖．企业生命周期理论与上市公司现金股利分配实证研究［J］．财经研究，2010（9）：123-133．

［108］孙桂芬．互联网时代的商业模式和战略选择［J］．新财经（理论版），2013（10）：77-77．

［109］孙建强，许秀梅，高洁．企业生命周期的界定及其阶段分析［J］．商业研究，2003（18）：12-14．

［110］孙一顺，舒伟．无形资产估值中折现率的分析和选用——从国际转让定价角度的探讨［J］．国际税收，2019（7）：58-64．

［111］陶爱萍，方红娟．对赌协议：性质、风险及模型构建［J］．合肥工业大学学报，2014（28）：1-7．

［112］陶安迪．多元增长模型在股票内在价值分析中的应用［J］．山西财税，2019（7）：46-50．

［113］滕涛．浅谈实物期权理论在产业并购中的应用［J］．青海金融，2019（11）：23-26．

［114］滕涛，黄庆波．多管齐下出清"僵尸企业"［J］．人民论坛，2020（2）：104-105.

［115］滕涛，徐雪峰．美国对中国企业在美并购安全审查的现状、趋势以及应对之策——兼论美国投资安全审查机制的新进展［J］．对外经贸实务，2019（9）：41-44.

［116］田新民，陆亚晨．中国上市公司商誉减值风险影响因素的实证研究［J］．经济与管理研究，2019（12）：114-127.

［117］涂明辉．我国私募股权投融资中对赌条款的法律问题研究［J］．法制博览，2018（17）：59-61.

［118］陶爱萍，方红娟．对赌协议：性质、风险及模型构建［J］．合肥工业大学学报，2014（28）：1-7.

［119］王炳成．企业生命周期研究述评［J］．技术经济与管理研究，2011（4）：52-55.

［120］王波，彭亚利．再造商业模式［J］．IT 经理世界，2002（7）：88-89.

［121］王超发，孙静春．基于近似评估法的战略并购中的目标企业价值评估研究［J］．软科学，2017（4）：42-46+56.

［122］王诚军．从金融时报等热议评估行业"机器吃人"看评估的属性悖论［J］．中国资产评估，2019（3）：2-3.

［123］王建中，李海英．企业价值评估的 DCF 模型实证研究［J］．中国资产评估，2004（7）：11-15+6.

［124］王进江．商誉减值收益法评估税前折现率确定方法［J］．中国资产评估，2020（6）：34-40.

［125］王少豪．期权定价模型评估对赌协议相关价值的探讨［J］．中国资产评估，2013（4）：10.

［126］王晓婷，毕盛．企业价值评估市场法中可比公司选择研究——以文化传媒行业为例［J］．会计之友，2018（9）：13-17.

［127］王宇航，周琪．互联网游戏企业并购过程中对赌协议应用［J］．合作经济与科技，2020（13）：94-97.

［128］王兆楠．企业并购中运用对赌协议的风险及应对研究［J］．商讯，2020（19）：109-111.

［129］魏炜，朱武祥．商业模式发现［M］北京：机械工业出版社，2012.

［130］翁君奕．介观商务模式：管理领域的纳米研究［J］中国经济问题，2004（1）：34-40.

［131］吴捷，曹阳．基于价值链视角对我国制药企业商业模式分类研究［J］．上海医药，2014（5）：46-49.

［132］吴莹．并购重组业绩补偿方式与中小股东利益保护［D］．中国矿业大学硕士学位论文，2019.

［133］肖永明．并购重组盈利补偿是否有效保护上市公司及中小投资者利益？——基于博盈投资非公开发行与资产收购案例［J］．金融与经济，2017（1）：38-44.

［134］谢欣灵．A股上市公司并购重组过程中的业绩承诺问题研究［J］．时代金融，2016（3）：135-149.

［135］徐琪．宏观经济因素视角下周期性公司收益法估值的修正研究［D］．首都经济贸易大学硕士学位论文，2019.

［136］亚历山大·洛帕特尼科夫，赵振洋，齐舒月，等．估值的准确性研究［J］．中国资产评估，2020（2）：52-59.

［137］杨晓琳．基于商业模式视角的企业价值评估探析［J］．财经界，2017（2）：138.

［138］杨志强，曹鑫雨．业绩补偿承诺提高混合所有制改革的协同效应吗？——基于国有上市公司重大并购重组的经验证据［J］．华东经济管理，2017（11）：166-176.

［139］于成永，于金金．上市公司业绩承诺、公司治理质量与并购溢价

[J]. 中国资产评估，2017（1）：39-44.

[140] 余忠雨. 基于综合估值模型的轻资产企业价值评估研究 [D]. 兰州财经大学硕士学位论文，2019.

[141] 岳公侠，李挺伟，韩立英. 上市公司并购重组企业价值评估方法选择研究 [J]. 中国资产评估，2011（6）：12-17.

[142] 翟进步. 并购双重定价安排、声誉约束与利益输送 [J]. 管理评论，2018（6）：212-226.

[143] 翟进步，李嘉辉，顾桢. 并购重组业绩承诺推高资产估值了吗？[J]. 会计研究，2019（6）：35-42.

[144] 张明慧，李永峰. 论我国能源与经济增长关系 [J]. 工业技术经济，2004（4）：77-80.

[145] 张勤谋.《资产评估基础》重点知识点解析 [N]. 中国会计报，2019-11-29.

[146] 张先治，刘媛媛. 企业内部报告框架构建研究 [J]. 会计研究，2010（8）：28-35.

[147] 张志朋. 商业模式创新研究前沿与热点 [J]. 社会科学家，2020（4）：48-53.

[148] 赵双鹏. 基于生命周期视角的成本粘性与企业价值相关性研究 [J]. 特区经济，2019（7）：126-130.

[149] 赵子铭. 基于 FCFF、时间序列方法的企业估值分析——以美的集团为例 [J]. 金融经济，2019（20）：48-51.

[150] 郑忱阳，刘超，江萍，等. 自愿还是强制对赌？——基于证监会第 109 号令的准自然实验 [J]. 国际金融研究，2019（5）：87-96.

[151] 郑湘明，秦喜杰. 企业并购和目标企业定价研究 [J]. 财经问题研究，2004（1）：81-85.

[152] 郑征，朱武祥. 高科技企业生命周期估值方法选择与风险管理策

略 [J]．中国资产评估，2019（9）：4-12．

[153] 钟耕深，孙晓静．商业模式研究的六种视角及整合 [J]．东岳论坛，2006（27）：120-124．

[154] 周菊，陈欣．并购业绩补偿承诺选择的动因研究——基于信息不对称的解释 [J]．投资研究，2020（39）：51-59．

[155] 周娟．大数据技术下收益法优化建议 [J]．合作经济与科技，2020（8）：126-128．

[156] 周丽俭，瞿茜．我国医药行业并购估值中存在的问题及对策建议 [J]．对外经贸，2015（11）：72-73+105．

[157] 周炼．经济转型视角下我国产业整合的动因、模式及趋势 [J]．商业经济研究，2018（11）：172-174．

[158] 朱蕾．互联网企业价值评估方法改进研究 [J]．中国林业经济，2019（5）：80-81+86．

[159] 朱林平．浅谈企业并购视角下收益法在无形资产评估中的优势与难点 [J]．财会学习，2018（21）：106-108．

[160] 朱晓元．从整合报告看商业模式创新对价值创造的影响 [J]．广西质量监督导报，2020（5）：213+212．

[161] 左文进，刘丽君．大数据资产估价方法研究——基于资产评估方法比较选择的分析 [J]．价格理论与实践，2019（8）：116-119+148．